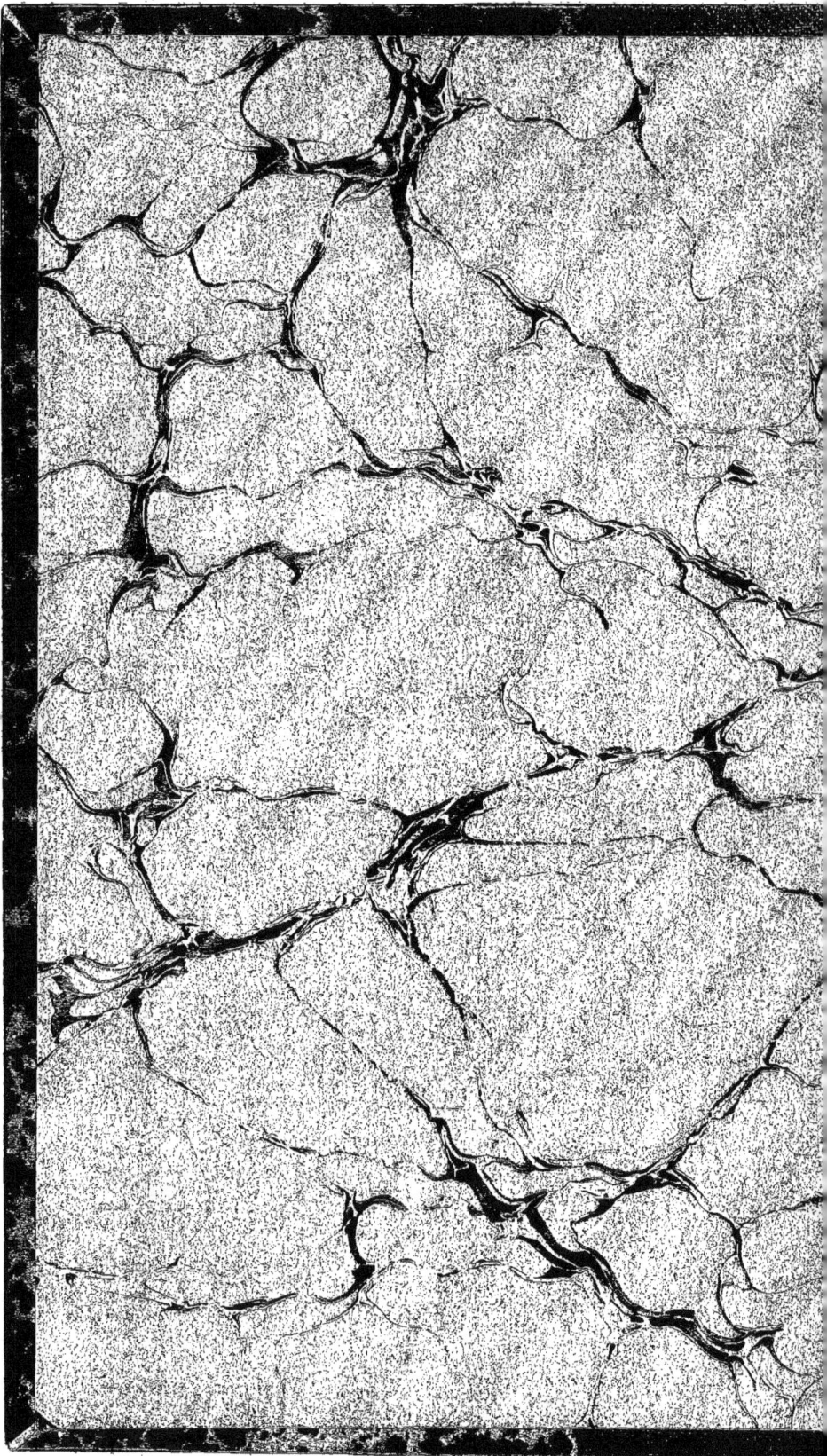

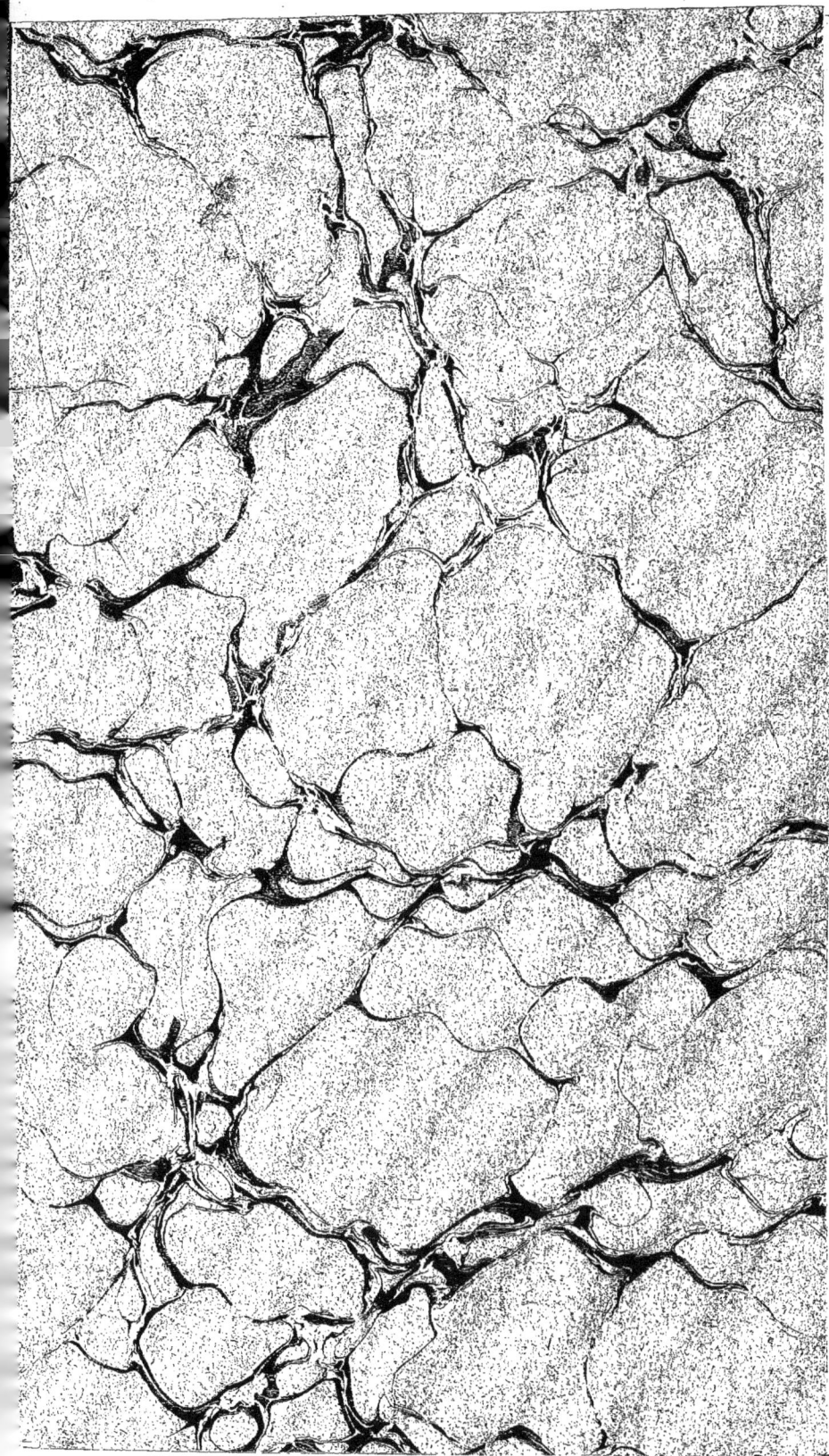

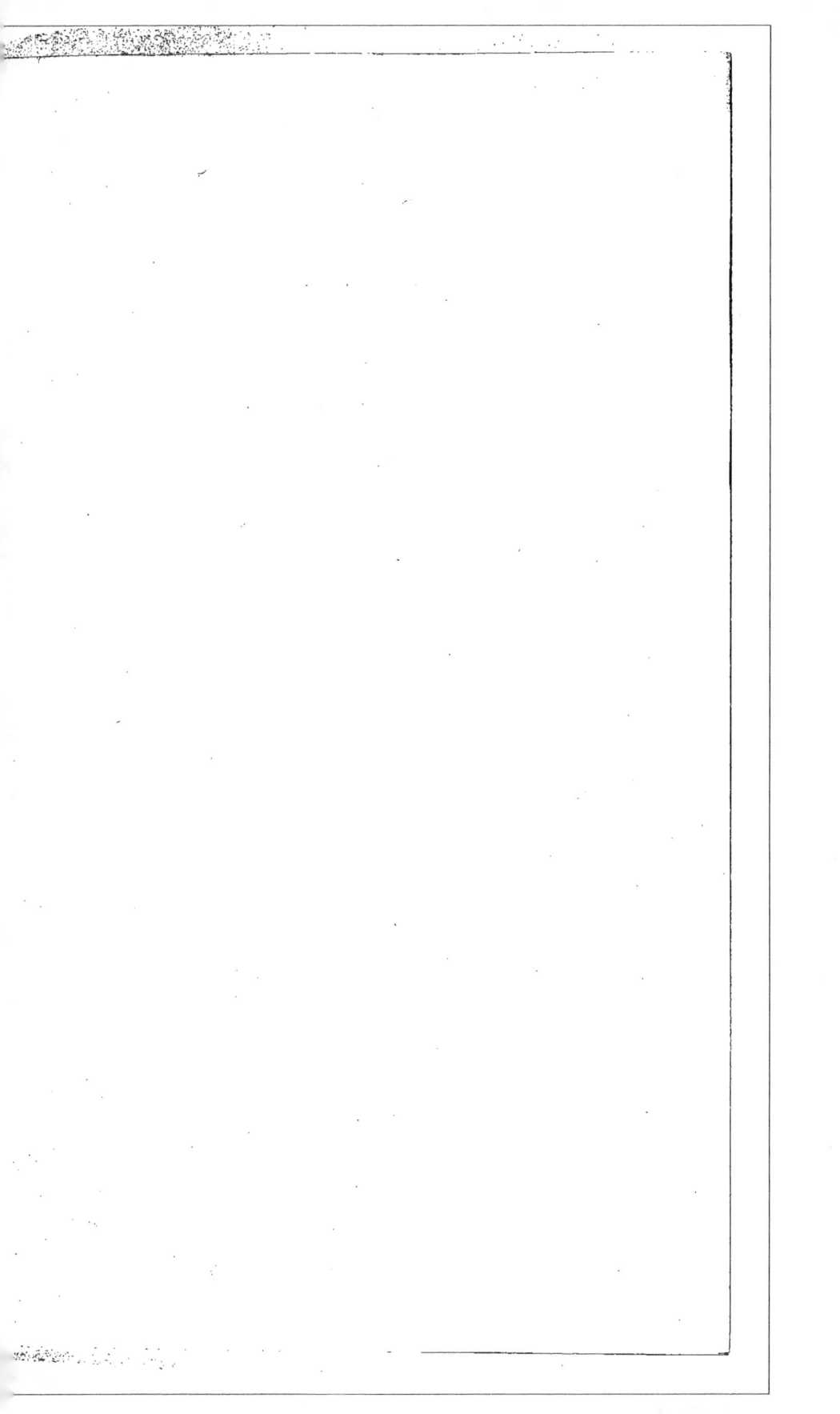

PLUS DE

PROHIBITION

SUR LES FILES DE COTON

EXPOSÉ DES AVANTAGES

D'UNE

RÉFORME DOUANIÈRE

EN FRANCE

POUR LES ARTICLES DE COTON

PAR

M. JEAN DOLLFUS

MEMBRE DU CONSEIL GÉNÉRAL DE L'AGRICULTURE DE L'INDUSTRIE ET DU COMMERCE
DE LA CHAMBRE DE COMMERCE DE MULHOUSE
ET ANCIEN PRÉSIDENT DU TRIBUNAL DE COMMERCE DE MULHOUSE

1853

CAPELLE, LIBRAIRE-ÉDITEUR,

16. RUE SOUFFLOT

PLUS DE

PROHIBITION

SUR LES FILÉS DE COTON

(C.)

___

PARIS. — IMPRIMERIE ADMINISTRATIVE ET COMMERCIALE DE J. CARON NOEL,

PLUS DE

PROHIBITION

SUR LES FILÉS DE COTON

———

EXPOSÉ DES AVANTAGES

D'UNE

RÉFORME DOUANIÈRE

EN FRANCE

POUR LES ARTICLES DE COTON

PAR

M. JEAN DOLLFUS

MEMBRE DU CONSEIL GÉNÉRAL DE L'AGRICULTURE, DE L'INDUSTRIE ET DU COMMERCE,
DE LA CHAMBRE DE COMMERCE DE MULHOUSE,
ET ANCIEN PRÉSIDENT DU TRIBUNAL DE COMMERCE DE MULHOUSE.

1853

CAPELLE, LIBRAIRE-ÉDITEUR,

16, RUE SOUFFLOT.

AVANT-PROPOS.

Les avantages que la France aurait à renoncer à un système douanier qui maintient encore la prohibition ou des droits prohibitifs pour la plupart de nos grandes productions industrielles ne sauraient plus être mis en doute. Depuis que cette importante question est soulevée, les réclamations les plus énergiques partent de tous les points : partout on signale le mal que fait à l'industrie une protection aussi exagérée. Ce sont surtout les diverses branches de l'industrie cotonnière, Tarare, Calais, Ste-Marie, Mulhouse, qui demandent des modifications ; elles proclament toutes que le haut prix des filés, la difficulté de se procurer abondamment la matière première, nuisent considérablement au développement du travail.

Les grandes industries du tissage, de la teinture, de la fabrication des tulles, des broderies, des toiles peintes, sont unanimes à dire que la perfection des produits français ne laisse rien à désirer. Elles tiennent, il est vrai, le premier rang pour le goût et les couleurs; mais sans une réforme, des relations considérables et suivies ne peuvent être établies par elles au dehors, même aux époques où les produits de nos filatures sont abondants et à des prix convenables.

Elles demandent le remplacement de la prohibition par une protection suffisante et modérée; elles sollicitent la facilité de tempérer des prix exagérés et de se procurer en assez grande abondance la matière première qui leur est nécessaire.

Les 500,000 ouvriers qui tissent, teignent, impriment, mettent en œuvre les produits de 60,000 fileurs, et qui augmentent annuellement la valeur de ces produits de plusieurs cents millions de francs, réclament contre la filature, qui demande à maintenir encore ses bénéfices exagérés, bien qu'elle ajoute à peine 70 millions de francs à la valeur des 65 millions de kilogrammes de coton brut consommés annuellement par la France.

A toutes ces réclamations la filature a répondu que si les filés ont été trop peu abondants, à des prix plus élevés depuis plusieurs années, il n'en sera bientôt plus de même; que le grand nombre d'établissements construits depuis peu et ceux encore en construction, amèneront l'abondance et les bas prix; que des droits d'entrée même très élevés ne seraient pas suffisants pour la garantir convenablement; enfin que la prohibition seule lui procurerait une protection efficace.

Dans un mémoire publié récemment par plusieurs filateurs, on établit que nous produisons 33 0/0 plus cher qu'en Angleterre, tandis qu'un autre Mémoire de nos adversaires n'évalue cette différence qu'à 10 0/0 environ. Nous répondons aujourd'hui à ces publications; nous voulons prouver jusqu'à la dernière évidence, par des documents nombreux, combien sont exagérés et mal fondés, les faits mis en avant par nos adversaires. Nous établissons que le principal avantage que la production anglaise a sur nous, le bon marché du fer et de la houille, ne produit qu'une différence de 4 0/0 sur la valeur des filés.

L'opposition que nous rencontrons aujour‑ d'hui n'existait pas à une autre époque; les membres les plus éminents de l'industrie alsa‑ cienne ont émis, longtemps avant nous, les mêmes principes. En 1831 déjà, la Chambre du commerce de Mulhouse demandait une réforme; elle disait : « *Que l'industrie cotonnière était* » *désormais majeure en France; qu'elle n'avait* » *plus besoin de prohibition. — Que déjà depuis* » *trop longtemps cette prohibition avait été une* » *triste et immorale nécessité.* »

Le jury départemental du Haut-Rhin, pour l'exposition de 1834, appelait aussi de tous ses vœux un système douanier moins restrictif, fa‑ cilitant un échange plus considérable de nos produits avec ceux des autres nations. Il pen‑ sait, il y a vingt ans déjà, que, grâces aux pro‑ grès réalisés tant pour les prix que pour la per‑ fection, le moment ne pouvait être éloigné où une modification se ferait sans danger.

En présence de pareilles manifestations faites

à une époque où notre industrie était loin d'être aussi fortement constituée qu'aujourd'hui, alors que nos machines ne s'exportaient pas, que le combustible, dans les départements de l'Est, se vendait le double de ce qu'il vaut aujourd'hui, et que les moyens de transports étaient plus lents et surtout plus coûteux (1), on a peine à comprendre la résistance actuelle, car ce qui était vrai alors l'est à plus forte raison aujourd'hui. Pour l'expliquer, il faut se souvenir que nous avions traversé plusieurs années de crise, que la filature vendait difficilement tous ses produits, qu'il fallait de plus grands débouchés, et enfin que la concurrence étrangère sur nos marchés n'inspirait aucune frayeur.

---

(1) La houille de Ronchamp se vendait à Mulhouse, en 1831, 3 fr. les 50 kil.; en 1834, ce prix s'est élevé jusqu'à 4 fr. 70 c.

Aujourd'hui, cette houille ne vaut plus que 1 fr. 20 c. les 50 kilos.

La moyenne du prix de transport du Havre à Mulhouse a été, en 1831 de 19 fr. les 100 kil.; elle est aujourd'hui de 8 fr. Le prix de transport en ordinaire de Mulhouse à Paris était, en 1831, de 12 à 13 fr., et, en accéléré, de 20 fr. par 100 kil. Aujourd'hui on ne paye plus que 8 fr. pour le transport en accéléré.

Nos adversaires ont cherché à intimider le tissage; ils ont proclamé hautement que cette industrie se trouverait fort mal de la levée de la prohibition, et quoique les réclamations de Mulhouse, de Tarare, de Ste-Marie surtout, répondent suffisamment déjà à cette assertion erronée, nous avons voulu, en comparant les prix obtenus par le tissage suisse, où la main-d'œuvre est généralement à très-bas prix, avec ceux obtenus pendant les huit dernières années par nos fabricants de calicot, prouver les grands avantages que le tissage aussi trouverait dans une réforme. Nous publions les résultats dans les deux pays; ils témoignent que la rémunération a été plus considérable pour le tissage suisse que pour le tissage français.

Si l'industrie du tissage mécanique, qui occupe beaucoup moins d'ouvriers que le tissage à bras, n'est pas partout avec nous, c'est parce que la difficulté de se procurer des filés et d'être rémunéré suffisamment pour les tissus a depuis longtemps forcé beaucoup de nos industriels à joindre une filature à leur tissage.

Les pays cherchant à développer les indus-

tries qui produisent les articles les plus par-
faits, les plus manufacturés, et qui exigent le
plus grand emploi de main-d'œuvre, de matières
premières et de dépenses diverses, sont ceux
qui augmentent le plus leur prospérité. La
France est admirablement constituée pour cela;
elle excelle dans tous les objets munufacturés
où les couleurs, le goût, l'art forment les principaux éléments de succès. Les Anglais eux-
mêmes proclament, à cet égard, notre immense
supériorité (1).

Nos exportations sont considérables malgré
les mauvaises conditions dans lesquelles nous
place le maintien de nos lois de douane. Nous
payons nos matières premières plus cher que
nos concurrents, parce qu'on ne nous permet
pas de les acheter partout sans surtaxe, et qu'on
ne nous rembourse pas à la sortie tous les droits
payés à l'entrée; combien ne grandirions-nous
donc pas sous un autre régime?

Si malgré toutes les entraves que nous venons
de signaler, nous possédons en France d'impor-

---

(1) Voir aux pièces justificatives, note A.

tants établissements qui manufacturent des filés,
qui vendent à bas prix, et qui exportent les
nouveaux produits qu'ils ont créés ; c'est parce
qu'entre eux il existe une bien plus vive concurrence qu'entre les établissements de filature ;
ceux-ci ont l'inconvénient de forcer à immobiliser d'immenses capitaux. Ainsi, pour produire
un million de filés par an, il faut dépenser pareille somme environ en bâtiments et machines ; au contraire, le tissage mécanique pour
produire la même valeur, en demande à peine
le tiers. Les frais de construction dans le tissage à bras sont insignifiants. Enfin, les manu-
factures de toiles peintes en ajoutant à leur établissement un mobilier de 100 à 150,000 francs
par an, augmentent de quelques millions leur
production annuelle.

Cette grande et facile concurrence maintient
les bas prix, même quand les filés sont chers.
Mais alors les industries les plus difficiles, celles
qui exigent le plus de travail et de capacité ne
sont pas remunérées, et languissent : leur
essor est arrêté. Le bénéfice sur le produit
achevé, dans le cas même où il serait vendu à

un prix inférieur au prix actuel, serait encore suffisant, si toutes les branches de notre industrie y participaient dans une plus équitable proportion.

Que le gouvernement se hâte donc de changer cet état de choses ; s'il ne se juge pas suffisamment renseigné, s'il veut que la vérité se fasse jour, qu'il charge du moins de faire une enquête une commission d'hommes éclairés et consciencieux. Qu'en tout cas, il procède avec précaution ; pour ne nuire à aucune de nos industries, il ne faut point passer d'un excès de protection à un excès de liberté.

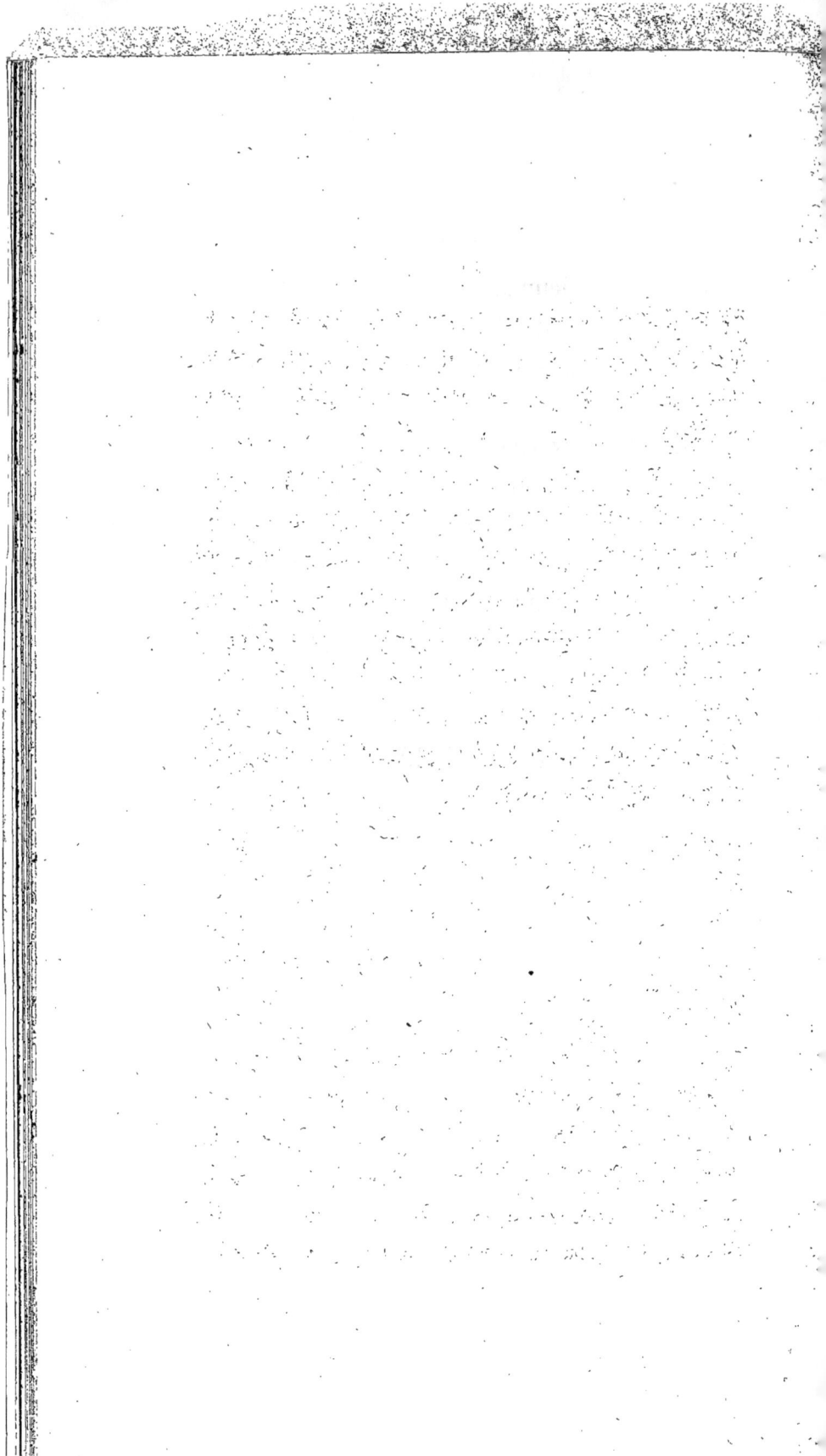

DES AVANTAGES

D'UNE

RÉFORME DE DOUANES

POUR

L'INDUSTRIE COTONNIÈRE.

En analysant avec soin le Mémoire publié par MM. Odier, Barbet, Nicolas Schlumberger, etc., on trouve que tous les efforts de leur plaidoyer ont eu pour but de vulgariser dans le public et de lui faire accepter les diverses propositions qui suivent :

1° Depuis plusieurs années, la consommation du coton a considérablement augmenté en France, et ne saurait être considérée comme étant restée dans un état stationnaire, comparativement à d'autres pays manufacturiers ;

2° La sécurité n'a pas été suffisante pour décider les fabricants à introduire dans leurs ateliers toutes les améliorations au moyen desquelles les autres pays sont arrivés à produire à meilleur compte. Il s'est aussi écoulé trop peu de temps pour que cette introduction ait pu encore avoir lieu, puisque ce n'est que vers 1835 que l'Angleterre a commencé à adopter d'une manière générale de nouveaux moyens mécaniques en filature. La concurrence étrangère n'aurait nullement précipité ce résultat ; tous les bienfaits qu'on attend d'elle vont être prochainement produits par le développement de la concurrence intérieure. Les bénéfices sur les filés n'ont, du reste, jamais été généralement bien considérables, et n'ont guère dépassé, depuis vingt ans, l'amortissement du capital de premier établissement ;

3º Les industries du tissage et de l'impression ont besoin de la prohibition tout aussi bien que la filature pour être en état de résister à la concurrence étrangère ;

4º Cinq cent à cinq cent cinquante mille ouvriers sont directement occupés en France par l'industrie du coton. Sur ce nombre vingt ou vingt-cinq mille seulement appartiennent à la fabrique de toiles peintes ; or, comme c'est d'elle seule que provient aujourd'hui la réclamation qui se fait à Mulhouse, l'importance de cette réclamation doit être appréciée en raison du rang qu'assigne à l'impression parmi toutes les branches de l'industrie cotonnière le petit nombre de ses ouvriers ;

5° C'est à 33 0/0 que l'on doit évaluer la différence des prix de revient des filés entre la France et l'Angleterre ; en comptant le droit sur le coton brut, on arrive à une différence de 40 0/0. Le coton brut coûtera toujours aux filateurs français 7 1/2 0/0 plus cher qu'aux filateurs anglais, parce qu'il y aura toujours en moyenne cette différence entre le marché de Liverpool et celui du Havre.

6° Du reste le consommateur de France n'a rien à envier à celui d'outre-Manche : malgré cette différence de 33 ou 40 0/0 dans le prix de revient des filés, le calicot se paie dans les magasins de Londres à peu près autant que dans les magasins de Paris ; même la confection étant plus chère en Angleterre, une robe et une chemise s'y vendent au même prix qu'en France ;

7° Pour prouver l'exactitude des calculs des prix de revient, il convient de comparer les prix de vente en France et en Angleterre.

8° L'industrie de la filature est loin d'être très-florissante en Allemagne. L'importation dans le Zollverein est encore de 26 millions de kilogrammes

de filés, et les filateurs demandent que le droit
d'entrée sur les filés, aujourd'hui environ de
6 kreutzers par kilogramme ou de 7 0/0, soit élévé
à 8 kreutzers, ou environ 9 4/2 0/0 ;

9° La filature en Suisse et dans le Zollwerein ne
se soutient que par l'absence des charges locales et
l'extrême bon marché de la main-d'œuvre. Les
salaires en Suisse sont inférieurs de plus de 50 0/0
à ceux que l'on paie à Mulhouse, Lille, Rouen,
Saint-Quentin ; il en est à peu près de même en
Allemagne ;

10° Le tarif proposé par M. Dollfus nous placerait dans l'alternative ou de diminuer nos salaires
de moitié ou de fermer nos usines. Que deviendraient alors les cinq à six cent mille ouvriers auxquels l'industrie cotonnière donne du travail et du
pain ?

Voilà, sans en excepter une seule, toutes les
affirmations que contient le Mémoire de nos contradicteurs. Pour les personnes qui ont déjà suivi les
discussions que notre proposition a soulevées dans
le sein de la société industrielle de Mulhouse, il ne
serait pas nécessaire de reprendre un à un, et de
discuter à nouveau, chacun de ces différents points;
mais comme l'intervention, parmi les signataires du

Mémoire, de plusieurs fabricants étrangers à l'Alsace a élargi le débat, nous croyons convenable de réunir ici tout ce que nous avons dispersé ailleurs, de faits non démentis et d'arguments non réfutés qui ruinent de fond en comble ces diverses affirmations.

1° Quelle est la consommation du coton en France depuis plusieurs années? Suit-elle dans son accroissement la progression que l'on observe en Angleterre, dans les États du Zollwerein, en Belgique, en Suisse?

Nous acceptons parfaitement, comme nos honorables contradicteurs, les tableaux officiels de l'administration des douanes pour mesure des progrès de la consommation en France. Or, que disent ces tableaux? Le voici :

Il a été importé en France :

En 1841, 56 millions de kil. de coton en laine ;
    1842, 57
    1843, 60
    1844, 58
    1845, 61
    1846, 64
    1847, 45
    1848, 44
    1849, 64

1850, 59 millions de kil. de coton en laine.
1851, 58
1852, 72

Prenons la moyenne des trois premières et des trois dernières années, les époques intermédiaires se trouvant affectées par des cas extraordinaires de disette et de révolution. Nous trouvons pour 1841, 42, 43, une importation moyenne de 57 millions et demi ; elle est de 63 millions pour 1850, 51, et 52. L'augmentation n'est donc que de cinq millions et demi, soit un peu moins de 9 pour 0/0 ; en continuant de progresser avec le même succès, il faudra à la France plus d'un siècle pour doubler sa consommation de coton.

Et encore faut-il remarquer que le montant de l'année 1852 fait exception au chiffre des importations ordinaires ! C'est plutôt à une tendance générale d'approvisionnement et non à un aussi grand accroissement dans la consommation qu'est dû le chiffre de 72 millions, car il est évident que les filatures nouvelles qui peuvent avoir été construites en 1852 ne représentent pas le quart de celles qui marchaient en 1851. Il aurait fallu pour cela plus d'un million de broches nouvelles et il n'est pas probable que le chiffre ait augmenté de plus de 100 à 150,000 broches. L'importation, du reste, des premiers mois de 1853, le prouve suffisamment;

Ces importations, malgré les établissements nouveaux qui marchent depuis le commencement de 1853, sont, pour le Havre seul, moindres de 12,000 balles pendant les neufs premiers mois de 1853, ce qui ferait 16,000 balles pour l'année, soit 3,200,000 kilogrammes pour l'année.

Comparons maintenant ces faibles progrès avec ceux des autres pays ; et d'abord l'Angleterre.

L'Angleterre à importé :

En 1841, 230 millions de kil. de coton en laine;
    1842, 241   —
    1843, 280   —
    1844, 288   —
    1845, 315   —
    1846, 313   —
    1847, 323   —
    1848, 223   —
    1849, 301   —
    1850. 317   —
    1851, 333   —
    1852, 421   —

Par la même méthode que plus haut, on trouve que la moyenne des premières années est de 250 millions, celles des dernières, de 351 millions. L'accroissement est de 101 millions ou de 40 0/0.

2

Il suffit d'un laps de 30 ans pour que l'Angleterre double sa consommation.

Dans les États du Zollwerein, déduction faite des cotons non destinés à la consommation intérieure, il a été importé :

En 1841, 14 millions de kil. de coton en laine;
    1842, 16   —
    1843, 20   —
    1844, 18   —
    1845, 23   —
    1846, 18   —
    1847, 19   —
    1848, 20   —
    1849, 28   —
    1850, 25   —
    1851, 30   —
    1852, 33   —

La moyenne des trois dernières années est de 29 millions 600,000; celle des premières, de 16 millions 666,000. C'est une différence de 13 millions environ, ou un accroissement de 76 0/0 sur la moyenne des années 1841, 42 et 43 (1). Dans quatre années d'ici, la consommation du coton se trouvera, dans les États du Zollverein, le double de ce qu'elle était il y a onze et douze ans.

---

(1) Voir note B, aux pièces justificatives.

Durant cette même période de temps, de 1841 à 1852, la Belgique a vu s'accroître sa consommation de 3 millions et demi de kilogrammes ; elle n'importait que 7 millions ; ses douanes accusent aujourd'hui une importation de 10 millions et demi. C'est un accroissement de 50 0/0 ; sa consommation se trouvera doublée à l'expiration d'une seconde période de douze années (1).

La Suisse ne publiant des tableaux officiels de ses importations que depuis le 1er juillet 1850, il n'a pas été possible d'avoir des chiffres exacts sur la consommation du coton en laine antérieurement à cette époque ; mais il résulte de renseignements recueillis par une des maisons les plus respectables de Saint-Gall (2) que le nombre des filatures a doublé depuis seize ans.

Il était de 540,000 broches en 1836, de 815,000 broches en 1845, et de 1,012,000 broches à la fin de 1852, et on évaluait de 50 à 60,000 broches celles qui seraient construites de 1853 à fin 1854.

La consommation moyenne des cotons a été de 11 millions de kilogrammes pendant les trois dernières années, d'après les tableaux officiels.

(1) Voir note C, aux pièces justificatives.
(2) La maison J.-J. Weyermann, de Saint-Gall.

Faut-il d'autres preuves que la consommation du coton en France est restée dans un état stationnaire depuis un certain nombre d'années? Nous les empruntons, en copiant textuellement, à l'un des rapports de l'Association du travail national des départements de l'Est, cité par ces Messieurs dans leur Mémoire :

« Partout, sauf en France, la consommation du
» coton fait de rapides progrès (1).

» En France, il est remarquable qu'en 1829 et
» en 1839, on signalait déjà l'existence des 3 mil-
» lions à 3 millions 500,000 broches qui existent
» actuellement (1847) (2). »

Ainsi, dans un espace de douze années, la France n'a augmenté sa consommation de coton que de 5 millions et demi ; et que penser de cette augmentation, si l'on songe que tant de causes si diverses ont aidé à la produire : l'accroissement de la population, l'augmentation des exportations en tissus de coton, l'ouverture d'un grand marché réservé (l'Algérie), enfin la baisse de prix qu'ont subie dans cette période la plupart des articles manufacturés ?

___

(1) Voir Rapport sur la filature de coton, page 19.
(2) Voir même Rapport, page 23.

On sait, en effet, que depuis 1841 la population s'est accrue considérablement ; nos exportations, qui, en 1841, s'élevaient, suivant le chiffre adopté en 1826 pour les valeurs officielles, à 102 millions, montaient en 1851 à 166 millions (mêmes valeurs) ; l'Algérie entre à elle seule pour plus des deux tiers dans un des articles exportés les plus importants, les percales et toiles écrues. Enfin, de 1841 à 1851, il y a eu sur les filés baisse de 10 0/0 environ, sur les calicots écrus et blancs de 15 0/0, et sur les imprimés d'au moins 20 à 25 0/0.

2o L'absence de sécurité, le manque de temps peuvent-ils expliquer le retard des filateurs français à introduire dans leurs ateliers les nouveaux moyens mécaniques inventés en Angleterre depuis 1825 et généralement employés en 1835 ?

La concurrence étrangère n'aurait-elle pas hâté cette introduction ?

Peut-on admettre que les bénéfices de la filature dans ces vingt dernières années se soient bornés à l'amortissement du capital de premier établissement ?

Quels résultats faut-il attendre du développement actuel de la concurrence ?

La sécurité a été très-grande en France de 1830 à 1848 ; elle était plus que suffisante pour encou-

rager les manufacturiers à réaliser toutes les améliorations? Et maintenant, comme ce ne sont pas
les capitaux qui leur ont manqué, comme ils avaient
aussi une parfaite connaissance de ce qui se passait
en Angleterre, il faut convenir que s'ils n'ont pas
renouvelé leur matériel, c'est que les circonstances
ne le leur ont jamais commandé, que les prix de
vente ont été assez rémunérateurs pour n'obli-
ger aucun d'eux, même ceux dont les machines
sont fort anciennes et dans de très-mauvaises conditions, à faire une dépense qui aurait permis de
travailler à bien meilleur compte.

Vingt-cinq ans se sont écoulés sans que les métiers renvideurs se soient propagés en France; et
c'est cette année seulement que la Société industrielle de Mulhouse a décerné une médaille pour le
premier assortiment considérable qui ait été fait
dans les départements de l'Est.

Il est vrai, dit-on, que l'invention des métiers
renvideurs date de 1825; mais les Anglais eux-
mêmes ont mis dix ans à les introduire dans
leurs ateliers, et ce n'est qu'en 1834 et 1835 que
la révolution a été générale. Ce délai se conçoit
très-bien; les dix années de 1825 à 1835 étaient
une période d'essai; mais voilà plus de quinze ans
que toute hésitation a cessé, les métiers ayant été

assez perfectionnés pour donner des résultats complétement satisfaisants.

On dit encore : la main d'œuvre étant en France
à meilleur marché qu'en Angleterre, nous n'avons
pas le même avantage que les Anglais à employer
ces nouveaux métiers. Soit ; l'avantage est moindre,
mais il est encore considérable. Nous avons estimé
de 15 à 20 centimes la réduction qui, en beaucoup
de cas, par l'emploi de ces métiers, pourrait avoir
lieu sur le prix de vente d'un kilogramme de filés,
soit environ 6 0/0 sur la valeur. Une pareille diminution de prix augmenterait la consommation et
le travail.

— *Une période de vingt années a-t-elle été nécessaire
aux filateurs pour amortir leur capital de premier établissement, et peut-on admettre que dans ces vingt dernières années la prospérité de la filature n'a pas été considérable?*

Voici la vérité sur ce point :

En 1850, 52 et 53, le bénéfice moyen de la filature des numéros ordinaires pour calicot n'a pas été
de moins de 60 centimes par kilogramme.

En juillet, août et septembre 1850, il a été de
85 cent. par kilogramme, et de 78 à 80 cent. dans

les mêmes mois de l'année 1852, ainsi que dans ceux qui viennent de s'écouler.

Ces bénéfices de parfois 20 à 25 0/0 sur les numéros ordinaires ont cependant été loin d'atteindre ceux que depuis 1850 on réalise sur les filés fins et mi-fins, sur ces derniers surtout. Aussi tous les établissements susceptibles de produire bien ou mal des filés mi-fins se sont—ils jetés sur ces numéros, qui ont rendu jusqu'à 40 0/0 de bénéfices nets, c'est-à-dire plus que la façon totale.

Non, avec de tels bénéfices, ce n'est pas au bout de vingt années, mais après trois ou quatre années seulement qu'un établissement peut être amorti ; et il n'y a pas lieu de s'étonner si le fabricant s'inquiète peu de produire à meilleur compte en introduisant des améliorations coûteuses.

Les années qui ont précédé 1850 n'ont pas toutes donné de pareils résultats. Il est vrai que 1848, 1847 comptent parmi les années néfastes de l'industrie ; mais le résultat moyen n'en a pas moins été très-brillant pour nos filatures.

— On suppose enfin que, grâce à la concurrence intérieure, grâce à ce remède souverain pour tous les inconvénients de la prohibition, les résultats pour lesquels la concurrence étrangère est invoquée ne tarderont pas à être obtenus. Il vient de se construire, ou il se construit en ce moment, dit-on, 500,000 nouvelles broches. La conséquence nécessaire de cet accroissement considérable de production ne sera-t-elle point une baisse dans le prix des filés?

Le chiffre de 500,000 broches nous paraît un peu exagéré, mais, alors même qu'il serait exact, nous avons l'intime conviction que, sans la prohibition, sous l'égide d'un droit même peu élevé, l'année 1852 eût ouvert pour l'industrie de la filature une ère plus heureuse que celle qui s'annonce aujourd'hui. Et voici pourquoi : si d'ici à peu de temps 500,000 nouvelles broches viennent toutes ensemble verser leurs produits sur le marché, il s'ensuivra nécessairement une très-grande perturbation dans les affaires ; car la consommation intérieure est loin de réclamer une production semblable. Ce grand nombre de nouvelles broches n'est pas destiné à satisfaire à un besoin de filés déjà né en France ; elles viennent plutôt pour entrer en partage des bénéfices des filatures actuelles.

La situation ne serait-elle pas tout autre et bien préférable si la filature n'avait pas eu la facilité de comprimer depuis un grand nombre d'années par la hausse de ses prix le développement de toutes les industries qui emploient les filés comme matière première? Si, par exemple, depuis 1849, l'entrée des filés étrangers avait été autorisée par la législation, le tissage et d'autres industries auraient été mieux alimentés ; ils auraient produit à meilleur compte ; au lieu de resserrer leurs débouchés, ils les auraient élargis et étendus. Dès lors, la consommation serait réellement devenue plus considérable, et les nouvelles filatures qui se créent en France offriraient leurs produits à des consommateurs qui en sentiraient réellement le besoin ; elles pourraient travailler avec sécurité, sûres de leur avenir et tranquilles sur leurs débouchés, tandis que toutes ont à redouter la concurrence effrénée qu'elles se préparent à elles-mêmes.

Jusqu'en 1852, les capitalistes se fussent peut-être refusés à participer à la construction de filatures nouvelles. Alors même que l'importation des filés étrangers leur eût démontré que de tels établissements combleraient une lacune importante dans notre industrie, ils n'eussent peut-être pas suivi tous les progrès de la consommation intérieure. Mais peut-on imaginer qu'à partir de 1852, ils n'auraient pas, même en l'absence de la prohibition, manifesté l'empressement qu'ils montrent aujourd'hui. Comment, *sûrs du placement de leurs produits,* ne se seraient-ils pas mis activement à l'œuvre, pour substituer aux fils étrangers, soumis à des droits, des produits fabriqués en France à bon compte et avec des moyens perfectionnés?

Il est possible qu'autant de filatures ne se seraient pas créées à la fois; mais toutes du moins auraient prospéré, parce que la consommation se serait trouvée développée à l'avance. Les résultats calculés sur un certain nombre d'années eussent été infiniment plus satisfaisants pour toutes les branches de l'industrie cotonnière, car plus une industrie peut se rapprocher d'une marche sage et régulière, plus elle a de chances de développement et de progrès.

Observez un des résultats de ces fortes excitations de l'industrie manufacturière produites par des prix exagérés. C'est de suite; c'est en toute hâte qu'on veut avoir aujourd'hui des filatures; on ne se préoccupe plus d'en calculer le prix; on commande même en Angleterre des machines qui, avec le moindre délai, eussent pu être construites en France. Il arrive ainsi en même temps, et que nos constructeurs se trouvent privés d'un travail qui leur était naturellement destiné, et qu'on élève artificiellement le coût des établissements nouveaux.

3o Le tissage, l'impression et toutes les autres bran-
ches d'industrie qui s'alimentent des filés de coton ne
pourraient-ils pas, avec des droits simplement protec-
teurs, résister à la concurrence étrangère et leur dévelop-
pement ne serait-il pas mieux assuré ?

Les signataires du Mémoire, dans la courte partie
de leur travail consacré au tissage, cherchent à établir que ce n'est pas la condition du tissage qui
peut nécessiter un changement de tarif, et, à l'ap-
pui de cette assertion, ils citent une amélioration
assez considérable qui aurait eu lieu depuis quelques années dans les salaires du tissage mécanique.

Le tissage, sur les 550,000 ou 600,000 ouvriers
qu'on assigne à l'industrie cotonnière, en emploie
plus de 450,000, et, sur ce nombre, le tissage à
bras en occupe les trois quarts ou les quatre cin-
quièmes.

Si l'intérêt que mérite une industrie doit se me-
surer en raison du nombre de ses ouvriers, pourquoi n'a-t-on tenu aucun compte du tissage à bras ?
C'est qu'il aurait fallu en signaler les chômages, les
faibles salaires, les réclamations incessantes.

On a préféré ne s'occuper que du tissage mécanique ; on a émis le doute qu'il demandât jamais
une réforme.

Si peu de réclamations ont été faites jusqu'ici par le tissage mécanique, c'est que beaucoup de ces établissements sont joints à des filatures, qui trouvent d'amples compensations dans les bénéfices de cette fabrication spéciale ; c'est qu'on l'effraie par la menace de la concurrence étrangère et que cette branche de notre industrie ignore sa propre force et la situation du tissage en Angleterre, en Suisse, en Allemagne.

Les façons réduites que le tissage mécanique a dû subir depuis un grand nombre d'années pour tous les articles de grande consommation sont connues de tout le monde ; elles ont rarement dépassé les prix de revient, et sont souvent restées au-dessous dans les moments mêmes où la filature réalisait des bénéfices de vingt à quarante pour cent.

Ce qui constitue le bon marché d'un tissu étranger, c'est le bas prix de la matière qui y est entrée et non celui du tissage. Le tissage en Alsace et dans les Vosges a été beaucoup moins rémunéré dans les huit dernières années qu'en Suisse et en Angleterre. Il est donc de la dernière évidence que sa prospérité serait beaucoup plus assurée avec la réforme que nous demandons et qu'il travaille à assez bon marché pour n'avoir rien à craindre pour son industrie d'une protection moins considérable.

Voici le tableau des prix moyens des filés, chaînes 27/29 à Mulhouse et en Suisse de 1845 à 1852 et celui des calicots 21 fils carrés.

EN ALSACE.

Années.	Chaîne.				Calicot.	
1845	2 fr.	84 c. le kil.		38 c.	7/10 le mètre.	
1846	3	01	—	37	2/10	—
1847	3	06	—	36	9/10	—
1848	2	84	—	32	»	—
1849	3	10	—	39	9/10	—
1850	3	81	—	45	1/4	—
1851	3	16	—	36	1/2	—
1852	3	30	—	40	1/2	—

EN SUISSE.

1845	3	»	—	37	»	—
1846	2	80	—	37	»	—
1847	2	80	—	36	»	—
1848	2	20	—	32	»	—
1849	2	50	—	37	»	—
1850	3	10	—	39	»	—
1851	2	80	—	32	1/2	—
1852	2	60	—	31	1/2	—

On compte généralement k. 9,40 de filés pour confectionner 100 mètres de calicot 21 fils carrés. Ce calcul donne au tissage en Alsace les rémunérations suivantes :

Pour	1845	12	» c. par 100 mètres.
	1846	8	90
	1847	8	14
	1848	8	13
	1849	10	21
	1850	9	44
	1851	6	80
	1852	9	48

Soit une moyenne de 9 fr. 14 c. pour les huit années.

En Suisse, pour	1845,	8 fr.	80 c.
	1846,	10	68
	1847,	9	68
	1848,	11	32
	1849,	13	50
	1850,	9	86
	1851,	6	18
	1852,	7	06

Ce qui représente une moyenne de 9 fr. 60 c. pour les huit années.

Il y a donc eu un excédant de recette de 46 c. par 100 mètres pour le tissage suisse.

Il est certain que le tissage se fait chez nous dans les meilleures conditions possibles ; que les ateliers mécaniques qui travaillent à l'eau ne redoutent aucune concurrence, qu'ils produisent à meilleur marché que ceux de Manchester et que les tissages qui travaillent à la vapeur, tout compensé, peuvent fournir leurs tissus à aussi bas prix que Manchester, même au-dessous avec des moyens mécaniques aussi perfectionnés.

La main-d'œuvre dans le tissage joue un grand rôle. L'honorable filateur et tisseur, qui, dans le mémoire auquel nous répondons, a donné le relevé des feuilles de paie de son tissage, aurait dû en même temps fournir celles de l'établissement de Blackburn, dont il est question dans ce mémoire. A défaut de ce renseignement, on trouvera dans les notes qui suivent les détails que nous nous sommes procurés sur les salaires payés dans deux tissages mécaniques de Blackburn et d'Ashton (1).

Il résulte de ces détails qu'en Angleterre le taux moyen de la journée d'un ouvrier employé dans un tissage mécanique est juste le double de ce qu'il est

(1) Voir note D.

dans les Vosges, et cela sans tenir compte de la différence de deux heures qui existe entre la durée de la journée dans les deux pays.

Quel est donc le secret de la réunion dans une même contrée industrielle de deux éléments en apparence inconciliables, à savoir : des salaires élevés et une production à bas prix ? Il est tout entier dans l'adoption rapide des moyens mécaniques les plus perfectionnés.

— Quant aux fabricants de toiles peintes et de cotonnades, un droit de vingt-cinq à trente pour cent serait pour eux une protection très-suffisante. Si l'on songe que ce droit équivaut pour les articles ordinaires les plus courants à 15 ou 20 centimes par mètre ; qu'à ce chiffre il faudrait ajouter encore les frais nécessaires pour les faire venir de Manchester sur nos marchés, et que les bénéfices sur ces sortes de produits sont toujours très-limités, il sera évident pour tous qu'avec ce droit toute concurrence dangereuse est impossible.

Mais de la part des signataires du mémoire, les craintes sur l'avenir de l'impression sont entièrement chimériques. Ils savent bien qu'elle ne redoute pas la levée de la prohibition, puisque si elle pouvait toujours avoir les filés à des prix raisonnables, elle se sentirait assez forte pour aller au-dehors lutter contre la concurrence étrangère, non seulement pour les articles fins mais pour toutes les étoffes d'une vente courante et considérable.

L'Angleterre, il est vrai, a l'avantage de faire de plus grandes quantités de pièces d'un même dessin ; les établissements y sont généralement plus considérables que chez nous ; pourtant on y est obligé tout comme en France d'avoir des assortiments immenses, et d'exécuter des commandes minimes d'un dessin. Il y a pour une fabrique de toiles peintes, dont les frais généraux et les dépenses fixes sont très-considérables, un plus grand avantage que pour beaucoup d'autres industries à être occupée le plus possible. La plupart de nos établissements produisent aujourd'hui trois ou quatre fois plus de marchandises qu'il y a vingt-cinq ou trente ans, et par suite nos prix de revient pour les façons tendent à se niveler avec les prix anglais. Mais si nous étions plus occupés, si le travail était moins intermittent par suite d'une consommation à l'intérieur et à l'extérieur plus considérable, surtout plus régulière, si les articles étrangers employés en teinture et dont les droits ne sont pas remboursés à la sortie étaient complètement affranchis, il est certain que, loin de perdre la vente des articles courants et ordinaires, nous les ferions entrer dans notre fabrication pour une part chaque jour plus importante, et que, grâce à cette adjonction, nous produirions à aussi bon compte que partout ailleurs.

Ce qui manque à la fabrique d'indiennes, comme au tissage, ce sont les débouchés. Dans l'état actuel, l'élévation de nos prix est la seule cause pour laquelle nos tissus en coton ne peuvent soutenir la concurrence étrangère pour tous les objets de grande consommation. Par nos beaux dessins, par nos couleurs, par ce goût français qui distingue nos fabriques, nos tissus peuvent se vendre cinq pour cent, dix pour cent plus cher que les tissus étrangers ; mais s'il faut élever la différence des prix à vingt ou trente pour cent, la vente se ferme, elle n'est plus possible sur une grande échelle.

Nous l'avons dit souvent, et nous ne saurions trop le répéter, les débouchés ne s'improvisent pas ; on n'en crée de nouveaux qu'à force de dépenses, d'efforts et d'activité persévérante ; et ceux que l'on a une fois acquis, si l'on est forcé de les abandonner un jour, ne se retrouvent plus le lendemain. Le même article ne s'achète pas tantôt en Angleterre, et tantôt en France ; le commerce a ses habitudes, il ne se pourvoit volontiers que là où il est sûr de pouvoir à peu près trouver toujours à s'approvisionner facilement.

Nous ne pouvons vendre quand les filés sont abondants en France, cesser quand ils sont chers et retrouver nos débouchés quand les prix le permettent de nouveau.

— Si les fabricants de toiles peintes de Rouen ne demandent pas la levée de la prohibition, cela ne veut pas dire qu'avec un droit modéré ils craignent la concurrence des produits anglais. Ils souffrent cruellement aujourd'hui, et il se pourrait qu'il n'attribuassent pas leur souffrance à la véritable cause qui la produit. Mais comme dans l'état actuel, Rouen, aussi bien que Mulhouse, exporte sur les marchés de libre concurrence, nous pouvons affirmer sans crainte de nous tromper, que cette cité industrielle n'aurait qu'à gagner à un changement de système qui lui assurerait en échange du sacrifice de la prohibition, une matière première moins chère, et des débouchés plus réguliers, plus faciles.

Rouen, beaucoup plus que Mulhouse, que Sainte-Marie s'occupe de la fabrication des articles de vente courante, des étoffes à bon marché présentant moins de nouveauté que ceux d'Alsace. Or, malgré le bon marché de ces tissus et leur bonne fabrication, l'exportation en est moins considérable que

celle de produits d'un prix plus élevé, parce que la
cherté des filés, le non remboursement des droits
perçus à l'entrée sur les matières tinctoriales,
l'obligation de ne s'approvisionner qu'en France
pour tous les articles employés par l'industrie, pèse
beaucoup plus encore sur la marchandise d'un prix
peu élevé que sur les autres articles.

4° *Sur les cinq cents ou cinq cent cinquante mille ouvriers de l'industrie cotonnière, combien en occupe la filature?*

Voici comment la population vouée au travail
du coton se partage entre les différentes branches
de l'industrie cotonnière, d'après les chiffres mêmes présentés à la Société industrielle de Mulhouse
par le manufacturier qui s'est chargé de soutenir
devant elle la cause de la prohibition. (1)

Le tissage emploie, tant aux métiers à bras pour
blanc et couleurs, qu'aux
métiers mécaniques   464,000 ouvriers.
La filature   60,000
L'impression et le blanchiment   20,000
_____
Environ   544,000

(1) Voir le rapport de M. Weiss-Schlumberger, p. 16.

Quelques-uns de ces chiffres auraient besoin
d'être expliqués et modifiés; ainsi il y aurait à
séparer le tissage à bras du tissage mécanique, qui
n'occupe qu'une faible fraction des quatre cent
soixante-quatre mille ouvriers indiqués ici. Tels
qu'ils sont cependant, ils peuvent servir à bien
démontrer combien sont mal fondées les préten-
tions des filateurs à être les pourvoyeurs les plus
importants du travail national; ils ne distribuent
de salaires qu'à soixante mille ouvriers, parmi
lesquels on compte encore beaucoup d'enfants;
et par l'obstacle qu'ils suscitent à l'entrée des filés
étrangers lorsque les filés français sont trop chers
et ne peuvent être fournis en quantités suffisantes,
plus de quatre cent mille ouvriers sont mis hors
d'état de faire un libre usage de leur intelligence
ou de leurs bras.

Il ne peut rester de doute, après tout ce que nous
avons dit plus haut, sur l'immense intérêt du tissage
à obtenir les filés à bon compte. Il ne s'agit donc
plus de vingt mille ouvriers réclamant contre cinq
cent quarante mille, mais bien de quatre cent quatre-
vingt mille qui ont raison contre soixante mille.

D'ailleurs les industries, sacrifiées aujourd'hui à
la filature, se prêteraient bien mieux qu'elle à un
grand développement du travail national. Elles en-

tretiennent une foule d'industries secondaires ma-
nufacturières, et même agricoles, parmi lesquelles
compte, en première ligne, la culture de la garance, si importante pour plusieurs de nos départements. Tandis qu'il faut dépenser des capitaux
très-considérables pour produire un million de filés
par an, il faut immobiliser une somme infiniment
moins grande, soit pour faire tisser un million de
calicot à la mécanique, soit pour fabriquer des
étoffes à fils teints. Nous avons déjà indiqué dans
l'avant-propos comment une fabrique de toiles
peintes, avec une faible augmentation de matériel
peut ajouter à la production quinze à vingt mille
pièces de cent mètres, ce qui donne, à 80 fr. pièce,
un produit de 12 à 1,600,000 fr.

Puis, étudiez successivement l'avenir réservé
aux cotonnades de Rouen, aux tissus de Sainte-
Marie-aux-Mines, aux impressions de Mulhouse,
aux tulles de Calais, aux mousselines de Tarare;
observez que dans ces industries l'intelligence du
fabricant, le goût de l'artiste et le travail de l'homme de science sont les principales conditions du
succès; et vous serez forcés de reconnaître que,
contrarier leur développement au profit des établissements de filature, dont l'importance consiste
surtout dans la quantité énorme de capitaux qu'ils

immobilisent, c'est marcher contre les destinées
même de notre pays, c'est tarir les sources les plus
fécondes de la richesse nationale, c'est borner notre carrière dans la seule voie industrielle ou nous
puissions surpasser nos rivaux.

*5° La différence du prix de façon des filés en France
et en Angleterre monte-t-elle à trente-trois pour cent ou
n'est-elle que de cinq à six pour cent environ, pour la plupart de nos établissements, comme nous l'avons déjà af-
firmé?*

*Le coton brut doit-il coûter toujours sept et demi pour
cent plus cher aux filateurs français qu'aux filateurs anglais?*

Cette différence dans le prix de façon est vraiment le nœud de la question, et il y a lieu de s'étonner de la légèreté avec laquelle nos honorables contradicteurs ont cru pouvoir passer sur ce point du
débat en se contentant de nous renvoyer au Mémoire
de l'association pour la défense du travail national.
Nous avons déjà répondu à ce Mémoire dans les
lettres que nous avons adressées au *Journal des
Débats*, à propos du discours de M. Thiers à l'As-
semble législative, sur le maintien du régime prohibitif, et nous avons prouvé par de nouveaux
calculs, dont tous les éléments sont minutieuse-
ment analysés et développés, que la différence du

prix de façon dans les deux pays ne s'élève pas à
plus de six pour cent, que même elle est moindre
pour les filatures qui travaillent à l'eau, et pour celles qui adoptent le système actuel des renvideurs
mécaniques. Cette différence dans quelques localités disparaît complètement et se trouve même à
notre avantage, si l'on tient compte de tout ce qui
peut atténuer les hauts prix des fers et des houilles
en France. Or, comme aucune objection sérieuse
n'a été jusqu'ici opposée à ces calculs, nous restons en droit de dire que nos adversaires cherchent à noyer la discussion dans des détails peu
décisifs, et qu'ils glissent volontiers sur le point le
plus essentiel du débat.

En vain cherche-t-on a exagérer les conditions
défavorables sous lesquelles nous serions placés
pour le développement de notre industrie ; les différences de productions ne résultent guère que du
prix de la houille et du fer, plus élevé en France
qu'en Angleterre. Or, déjà le désavantage se trouve
considérablement atténué pour ceux de nos établissements, et ils sont très-nombreux, que des cours
d'eau font mouvoir ; et la main-d'œuvre, partout
en France, étant à meilleur compte qu'en Angleterre, l'économie qui en provient devrait entrer
grandement en compensation.

Mais encore, en comptant la totalité de la différence provenant de la houille et du fer, on n'arrive pas à 5 pour 100, pour le pays où la houille vaut, comme à Mulhouse, 1,20 les 50 kilogrammes. En effet, une machine à vapeur bien construite, de la force de 80 chevaux, se vend avec garantie de ne consommer qu'un maximum de 2,000 kilos par 12 heures de travail. A Mulhouse, la dépense annuelle pour cette quantité de houille est de 14,500 fr.,

plus 3,000 fr. pour le chauffage des salles,

ensemble 17,500 fr.

Avec 80 chevaux on peut produire en filés fins n° 100 moyen, environ 80,000 kil. par an ; c'est le produit de 35,000 broches. Ces filés valent à un prix normal 1,200,000 francs. La houille grève donc ce prix à peine de un et demi pour cent. Les mêmes 80 chevaux employés à faire des filés pour calicots, permettent de faire mouvoir 15,000 broches, métiers Selfacting produisant en n° 32 moyen 225,000 kil. par an valant moyennement 630,000, ce qui fait 2 3/4 0/0 pour la houille employée.

La houille vaut à Manchester 35 centimes, ou un

peu moins que le tiers de ce qu'elle coûte à Mulhouse. Nous aurions ainsi sous ce rapport un désavantage de un pour cent pour les numéros fins,
1 8/10 pour cent pour les numéros gros.

Quant au prix des machines, j'ai déjà établi que
vu le prix moins élevé des terrains et de la bâtisse,
la différence des prix de revient pour un établissement complet était aujourd'hui peu importante ;
mais en admettant une différence de vingt, même
de vingt-cinq pour cent, ce qui est loin d'être
exact surtout lorsque nos constructions sont faites
dans des moments où les ateliers ne sont pas sur-
chargés d'occupation, le prix de la broche pour un
établissement complet, évalué en Angleterre à 33 fr.
environ la broche, ne peut dépasser, chez nous,
40 à 42 francs avec métiers à renvideur mécanique.

Un excédant de 9 fr. donnerait pour 15,000 broches, une valeur de 135,000 fr., dont je consens
à calculer à dix pour cent l'intérêt et le dégrèvement, bien que ce taux soit évidemment trop
élevé. A dix pour cent, pour une production annuelle de 630,000 fr., c'est 13,500 fr., soit un
peu plus de deux pour cent. Ainsi, les filés pour
calicots peuvent être produits en France, compara-

tivement à l'Angleterre, avec une simple différence
de   1 8/10   pour le combustible.
             2 2/10   pour les machines.

Soit environ 4 0/0.   Pour les filés fins, ce serait moins de quatre pour cent.

Nous croyons donc avoir dit avec raison, qu'un
droit de 15 0/0 serait très-suffisant pour protéger la filature en France ; à nos meilleurs établissements à la vapeur il laisserait une marge de plus de
dix pour cent, sans compter celle qui résulterait des
frais pour arriver dans nos ports, et sans la différence
considérable des salaires qui équivaut et bien au-
delà à cinq pour cent sur la valeur des filés. En effet, voici le taux des salaires par quinzaine dans les
filatures de Manchester et de Mulhouse. Ces prix
sont extraits d'un tableau que l'on trouvera aux
pièces justificatives et qui marque le taux des salaires dans les principaux centres industriels de
France et d'Angleterre : (1)

A Manchester (10 h. par jour).	A Mulhouse (12 h.)
Un manœuvre gagne 32 fr.	12 fr. —
Un fileur à bras, 92	42 —
Une soigneuse d'éti-	
rage de carderie, 20 fr. 50	12 —

(1) Voir aux pièces justificatives, note E.

Nous ne comptons pas dans ce droit de 15 pour cent la taxe sur les cotons et laines, de sorte qu'en l'ajoutant on arrive à un droit de vingt-deux à vingt-trois pour cent pour les filés pour calicot. Pour faciliter la transformation des établissements qui ont peu progressé et se trouvent aujourd'hui dans une situation inférieure, ce droit pourrait momentanément être porté un peu plus haut. Dans nos différents calculs, nous nous sommes toujours placé, sans oublier les intérêts des établissements anciens, au point de vue de deux établissements se créant simultanément dans les deux pays avec les moyens mécaniques les plus perfectionnés. Partant de là, nons avons analysé les différents éléments qui constitueraient leurs prix de façon, et nous avons finalement indiqué le chiffre d'un droit qui protégerait à la fois les établissements neufs et les établissements anciens, travaillant dans des conditons moins avantageuses. Prendre pour point de départ des établissements français dont le matériel date de vingt à trente ans, les comparer à des établissements anglais, dans les meilleures conditions, c'est vouloir arriver à une conclusion tout aussi erronée que celle qui résulterait de la comparaison d'un Français décrépit avec un Anglais plein de jeunesse, et de santé. Un droit protecteur sagement combiné doit non-seule-

ment compenser les différences de condition en
quelque sorte irremédiables et laisser des bénéfices
raisonnables, mais encore tenir compte dans de
certaines limites de la situation des anciens établissements dont le matériel n'est pas encore à la hau-
teur des progrès réalisés, sans toutefois vouloir
assurer à ces derniers une protection qui leur
permette des bénéfices exagérés.

Qu'il nous soit permis maintenant de faire obser-
ver que le rapporteur de la commission de la société industrielle de Mulhouse, qui a surtout con-
tribué à détourner la discussion du calcul des prix
de façon, a donné sans s'en douter la meilleure confirmation de nos chiffres que nous eussions pu désirer. En comparant le prix de vente des cotons filés,
au prix courant des cotons bruts, et en défalquant
l'un de l'autre, il a cherché à en déduire le coût
de la façon de la filature, déchet et bénéfices compris. Or, à quels résultats est-il arrivé? Il a trouvé,
en choisissant une des plus mauvaises années de la
filature anglaise, qu'en octobre 1849, on avait pu
fabriquer un demi-kilogramme du n° 34, en réclamant seulement 35 centimes pour tous frais, façon
et déchet; tandis qu'en France nos filatures ne
pouvaient faire le pair pour le n° 36, en comptant
également le déchet et tous les frais, que moyen-

nant une rémunération de 50 centimes. Le chiffre
de 35 centimes est beaucoup trop bas; M. Bazley
président de la Chambre de commerce de Manchester, est même d'avis qu'en aucun cas il ne saurait
s'élever à moins de 37 centimes; mais en l'admettant même, la différence est de 15 centimes. Or, que
représente cette différence de 15 centimes sur le
prix d'un demi-kilogramme de filés? Au prix actuel en France de 1 fr. 75 c., c'est simplement
huit et demi pour cent. Et si nous tenons compte
des droits imposés en France sur le coton en laine,
et de la différence du prix actuel au prix normal,
qui est de 1 fr. 40 c. à 1 fr. 50 c., nous restons
toujours aux environs de dix pour cent. Il faut
avouer que nous sommes loin de ces trente-trois et
quarante pour cent que l'on aurait voulu pouvoir
établir.

On prétend que le coton brut, en raison de circonstances qu'il n'est pas en notre pouvoir de changer, continuera, comme cela a lieu aujourd'hui, de
coûter 10 centimes par kilogramme ou environ
sept et demi pour cent plus cher en France qu'en
Angleterre. Mais les causes signalées ne sont pas
celles qui produisent à notre détriment cette élévation dans le prix du coton brut. On parle en effet
de la différence des prix du fret; or le fret des

États-Unis à Liverpool n'est pas d'un prix supérieur à celui des États-Unis au Havre. Nous avons déjà publié un tableau comparatif des frets de la Nouvelle-Orléans à Liverpool et au Havre pendant les années 1849, 1850, 1851, duquel il résulte que les prix entre les deux ports se nivellent très-bien, que l'égalité est un cas généralement fréquent, et que la différence en plusieurs occasions se trouve même favorable au port français.

Il faut chercher ailleurs la cause des plus hauts prix que nous payons souvent au Havre. Elle est dans l'absence de garantie de la filature française contre la spéculation, par l'impossibilité où elle est d'acheter sans surtaxe en Angleterre. Qu'arrive-t-il, et ce fait n'est pas rare, lorsque les cotons sont plus bas au Havre qu'à Liverpool ? (1) L'Angleterre se présente de suite pour acheter nos cotons;

---

(1) Il y a eu dernièrement, pendant plus d'un mois, parité entre le Havre et Liverpool. Auparavant, depuis plusieurs mois, le coton se payait 8 à 10 0/0 plus cher au Havre. Le 25 février dernier, cette différence a même atteint 20 c. par kilogr., soit environ 14 0/0. Il y avait à Liverpool 600,000 balles, au Havre seulement 14,000. La spéculation profitait vivement de cette position, et on conçoit qu'elle avait beau jeu, puisque la consommation mensuelle est de plus de 25,000 balles par mois.

aussi n'avons-nous que les hauts prix, jamais les
bas. Il y aurait compensation si nous pouvions agir
de même à Liverpool et profiter des baisses tempo-
raires produites par des arrivages considérables ;
mais c'est une faculté que nous enlève la surtaxe.
Pour combattre cette hausse, la filature est forcée de
s'adresser directement aux États-Unis ; et il lui
faut la subir quand elle manque d'approvisionne-
ments et que le temps lui fait défaut pour les attendre. Y a-t-il, du moins, un profit pour notre marine nationale ? Pas davantage. C'est la marine
américaine qui transporte à peu d'exception près,
tous les cotons qui arrivent en France des Etats-
Unis ; d'ailleurs, il est certain que la faculté de
tirer de Liverpool n'aurait d'autre effet, que de
niveler les prix dans les deux ports. Il y aurait
toujours plus d'avantage à faire venir directement
les cotons des ports américains. La spéculation, aujourd'hui si facile, dans certains moments, en souf-
frirait seule ; le port du Havre deviendrait le marché régulier d'une partie de l'Allemagne et de
toute la Suisse, et un immense transit serait par là
assuré à la France, grâce à ses puissants chemins de
fer et à ses canaux.

Telle est la cause qui force la filature française
à payer le coton brut à un prix plus élevé que la

4.

filature anglaise; et l'on voit qu'il est en notre pouvoir et de notre intérêt de la faire disparaître. Déjà de nombreuses réclamations se sont élevées à ce sujet ; et comme la levée de la prohibition entraîne comme conséquence nécessaire la faculté pour le fabricant de se procurer les matières premières au plus bas prix possible, il ne serait pas raisonnable de porter en compte une différence dans le prix des cotons destinée à cesser avec la prohibition elle-même.

6° *Le consommateur français n'a rien à envier au consommateur anglais ; une robe et une chemise se paient aussi cher à Londres qu'à Paris.*

Il faut, en vérité, que nos contradicteurs aient supposé à leurs lecteurs bien peu de perspicacité pour avoir osé avancer en même temps, sans crainte d'être taxés de contradiction, et que la fabrication des filés coûte quarante pour cent plus cher en France qu'en Angleterre, et qu'une pièce de madapolam se paie dans les magasins de Londres le même prix que dans ceux de Paris.

De ces deux affirmations l'une détruit évidemment l'autre ; la cherté de la confection ne prouve rien eu égard à la filature. Puis, c'est en vain qu'on aurait cherché à imaginer que dans l'Angleterre, ce pays commercial par excellence, le fabricant n'arrive à son consommateur définitif que par trois intermédiaires, tandis qu'en France, deux lui suffisent amplement. Il est manifeste que dans ce cas six à huit pour cent rétribueraient d'une manière très-large ce troisième intermédiaire, et il resterait toujours une différence de plus de trente pour cent dont on ne pourrait justifier l'emploi.

Si une robe ou une chemise ne coûtait pas plus cher à Paris qu'à Londres avec des filés payés par le tissage de 30 à 40 0/0 au-dessus des prix anglais, ce serait évidemment à nos tisseurs qu'il faudrait en attribuer le mérite.

Quant à savoir si des plaintes ne se sont jamais élevées sur le haut prix des tissus de la part des consommateurs, l'autorité de tout fabricant doit sur ce point naturellement être récusée ; c'est l'opinion du consommateur lui-même qu'il faudrait connaître. D'ailleurs, dans l'état actuel des choses, comment jugerait-il, si ce qu'on lui vend est plus cher qu'il ne le serait dans le cas où des filés étrangers viendraient faire concurrence aux nôtres ? Il demeure certain que le consommateur ne pourrait que s'en bien trouver.

7° *A quels résultats arrive-t-on, quand on cherche à apprécier la différence des prix de revient en France et en Angleterre, par la comparaison des prix de vente des deux pays ?*

Nous ne saurions assez prémunir les personnes qui désirent se rendre un compte exact de la situation respective de deux industries, contre le système qui consiste à comparer les prix de vente.

En effet, le bénéfice fait partie du prix de vente : il peut être nul dans l'un des pays que l'on met en présence et exagéré dans l'autre, au moment où se fait la comparaison. Il est clair, dès-lors, que la différence existant entre le prix du coton et la valeur du fil prise arbitrairement dans un moment donné, n'expliquera rien, ne confirmera rien, quant au prix de revient proprement dit.

Et ce qui le prouve, c'est qu'en changeant d'époque, cette manière de procéder peut faire arriver à des résultats diamétralement opposés.

Aussi, ne voyons-nous qu'un seul enseignement à tirer du calcul cité par nos adversaires. C'est que, dans certains moments, la prohibition permet de pousser les prix à une élévation telle, qu'il n'est plus de protection suffisante pour assurer de pareils bénéfices.

On a fait grand bruit d'une erreur *grossière* que nous aurions commise en redressant un calcul erroné du rapporteur de la Commission de la Société industrielle de Mulhouse.

Mais, avec un peu plus d'attention et en se pres-

sant un peu moins de prononcer sur des différences
dont nous avions offert de renvoyer l'examen et la
solution à la Société industrielle, on aurait reconnu
que nous n'avions point, comme on a bien voulu le
dire, comparé de la chaîne continue à de la trame.

La cote la plus élevée des *medio twist,* dans la
circulaire de MM. Zwilchenbart, Blessig et Compagnie, est celle qui a servi de point de départ à
nos comparaisons. Or, dans bien des prix courants, les *mule* et les *medio* sont confondus dans
la même colonne, et les premières qualités de
mule valent parfois plus que les qualités ordinaires
de *medio* , une légère différence de torsion ne
compensant nullement les différences très-grandes
qui peuvent exister par l'emploi de lainages et de
préparations supérieures.

On avait indiqué le chiffre de 8 deniers par
livre anglaise, comme ayant suffi pour rémunérer
au 8 octobre 1849, la filature anglaise. Nous avons
publié un prix courant qui prouve que la qualité la
plus inférieure du numéro indiqué ne s'est jamais
élevée, dans ce mois, au-dessous de 8 3/4; que le
medio twist a été vendu de 10 1/2 à 12 1/2, et le
water twist de 11 à 12. Quel que soit donc le
terme de comparaison adopté, il reste certain que
ee chiffre de 8 deniers n'était pas exact, et la pu-

blication de la circulaire n'avait d'autre but que de
le démontrer (1).

Au surplus, pour déterminer d'une manière po-
sitive que la trame n° 40 anglais qui sert de base
aux cotes de MM. Zwitlchenbar, Blessig et Compagnie, n'a rien de commun avec la trame n° 36/38
français à laquelle on prétend à tort l'assimiler,
nous avons envoyé à l'une des premières maisons de
commission de Manchester, de la trame 36/38 première qualité en canettes pour tissage mécanique,
avec prière de la faire classer et de l'estimer. Il
est résulté d'un travail consciencieux, basé sur
les rapports de quatre personnes parfaitement
compétentes, que cette trame aurait valu en Angleterre, le 21 juin dernier, 11 à 11 1/4 deniers,
tandis que la circulaire de MM. Zwilchenbart,
Blessig et Compagnie, du 21 juin ne cote le 40
mule que 9 7/8 à 10 1/4 (2).

Différence : 1 1/4 deniers ou douze pour cent
entre la plus basse cote du 40 mule anglais et la
valeur réelle du 36/38 français auquel on l'a
constamment comparée !

Quoi qu'en aient dit les signataires du Mémoire,

(1) Voir aux pièces justificatives, note E.
(2) Voir aux pièces justificatives, note F.

la différence de numéro qui vient s'ajouter à celle de qualité est loin d'être *insignifiante !*

En effet, jamais de la trame 34 $^{m/m}$ ne pourra se vendre au même prix que de la trame 36/38. Chacun sait que, dans notre contrée, ces différences de 2, 3 numéros ne se raisonnent généralement pas à moins de 10 centimes par numéro et par kilogramme.

En résumé, chaque fois que l'on voudra se faire une idée exacte de la valeur de nos trames d'Alsace, pour tissage mécanique, relativement aux filés ordinaires anglais, il faudra ajouter de 1 à 1 1/4 denier par livre, à la cote de la trame en paquets n°s 40 anglais de qualité ordinaire, qui sert de base aux prix courants anglais que nous avons déjà eu l'occasion de citer.

Lorsque la base d'un calcul est erronée, les chiffres qui en découlent se trouvent forcément dans le même cas.

On prétend ainsi nous faire trouver dans un tableau du prix des cotons et des filés, publié par le *Journal du Havre*, la confirmation incontestable du prix de revient d'un filateur de Manchester qui ne compte pour façon de filature d'un n° 40 anglais, que 32 cent. le 1/2 kilog.

J'ai étudié avec soin ce tableau; il fait ressortir les prix moyens suivants de 1838 à 1853 :

Coton. Louisiane middling. 　　　N° 40. Mule twist.

Qualité ordinaire.

Plus haut 6 3/5.　　　Plus haut 10 5/8.
Plus bas 4 3/5.　　　Plus bas   8 1/8.

La différence entre le coton en laine et le coton filé, est au plus haut 4,10,
　　　au plus bas 3,54.

La moyenne reste alors de 3 d. 87/100 par livre anglaise.

En ajoutant à cette différence de 3 87 deniers
　　　　　　　　　　　　　1 25 deniers
pour différences de qualité dans le coton, la préparation et le numéro, constatées entre le 40 anglais de qualité ordinaire, et nos trames mécaniques 36/38, nous arrivons à constater que la filature anglaise a eu une marge totale de 5 deniers 22 par livre anglaise ou 56 1/2 cent. par 1/2 kilog. 36/38 français pendant la période que l'on a citée.

Si l'on tient compte du prix plus bas auquel le filateur a toujours pu acheter ses cotons à Liverpool, et de la différence des conditions qui existent entre les filatures anglaise et française, on trouvera non-seulement que ce prix de façon a été parfaitement rémunérateur, mais encore qu'il explique, dans de certaines limites, le développement considérable de l'industrie cotonnière en Angleterre.

8° *Est-il vrai que la filature soit loin d'être très-florissante en Allemagne?*

Du moment où les chiffres officiels établissent que la consommation du coton en laine double en quinze ans dans les états du Zollwerein, tandis qu'en France, elle ne double que dans l'espace d'un siècle, qui pourrait avoir le droit de nier la prospérité de la filature en Allemagne?

On ose chercher dans l'importation des filés étrangers, dans les états du Zollwerein, une preuve contre cette prospérité ; mais ici encore, que disent les faits? Il y a dix ans, l'importation des filés dans les états du Zollwerein, dépassait du double celle des cotons en laine ; tandis qu'il n'est entré que 23 millions de filés, en 1852, dans cette même année où il était importé 33 millions de kilogrammes de cotons en laine.

L'importation des filés va même, chaque année, en diminuant au lieu de s'accroître. Après avoir

atteint, en 1846, le chiffre de 31 millions de kilogrammes, elle ne s'est plus élevée :

En 1850 qu'à 25,795,200 kil.
1851 — 24,472,500
1852 — 23,373,150

Nos contradicteurs s'étonnent que nous ayons
proposé, comme modèle, un pays qui réalise en si
peu de temps d'aussi incontestables progrès. Il faut
avouer que difficilement la France pourrait en choisir
un meilleur. Depuis une douzaine d'années, l'Angleterre elle-même n'a pas autant progressé que le
Zollwerein dans l'industrie de la filature. Et lors-
qu'il est avéré que les établissements de ce genre
ne font que croître dans ce pays en nombre et en
importance, comment peut-on écrire que nous se
rions conduits en l'imitant à abandonner la moitié
des nôtres ?

Mais avec quel régime douanier le Zollwerein est-
il donc parvenu à créer une industrie dont il possé-
dait à peine les premiers éléments ? Avec un simple
droit de 3 kreutzers par livre, soit 6 kreutzers par
kilogramme ou environ sept pour cent. Qu'importe,
dès lors cette réclamation que l'on nous objecte
de certains filateurs qui demandent l'élévation des
droits à 4 kreutzers par livre ? Ce serait neuf et demi

pour cent à la place de sept. La lettre que nous avons publiée et dans laquelle on a trouvé cette réclamation, prouve, d'ailleurs, qu'elle a pour origine une simple question de transport ; ce sont les filateurs du duché de Bade qui demandent les moyens de lutter avec les fabricants anglais sur tous les marchés de Prusse. Le fait capital, le fait saillant, à savoir qu'avec un droit de sept pour cent, la filature a prospéré dans les États du Zollwerein plus qu'en aucun autre pays, reste acquis à la vérité.

Il est intéressant de comparer à l'esprit de notre législation douanière, la ligne de conduite suivie par le Zollwerein dans cette question de la juste protection méritée par la filature et par le tissage. Cette puissance a su comprendre de bonne heure l'importance du bas prix des filés pour toutes les branches de l'industrie cotonnière ; aussi, malgré son désir de posséder le plus rapidement possible des établissements de filature, s'est-elle constamment refusée à instituer la prohibition en leur faveur, et n'a-t-elle consenti qu'à les protéger par un droit très-limité. Il en est résulté que l'importation des filés étrangers, loin de contrarier le développement des filatures, l'a au contraire favorisé ; le tissage et les autres industries cotonnières ont pu se développer sans obstacles, et les besoins de la consommation apparaissant d'une manière éclatante, les capitaux indigènes se sont mis en mouvement pour leur donner satisfaction. L'impulsion est aujourd'hui donnée, et l'on voit chaque jour se construire de nouvelles filatures. Dans la seule province rhénane, plusieurs sociétés nouvelles pour la construction d'établissements de ce genre, se forment dans ce moment, l'une à Cologne, l'autre à Gladbach; les deux au capital de trois millions de thalers. Un grand établissement s'organise aussi dans le Hanovre.

Il y a une grande moralité à tirer de ces faits, c'est que le meilleur moyen de protéger la filature, c'est de ne gêner par aucune prohibition les industries qui emploient les filés comme matière première.

9° *La filature ne se soutient-elle en Allemagne et en Suisse, que par l'extrême bon marché de la main-d'œuvre et par l'absence de charges locales.*

Nous devons faire remarquer ici que dans notre désir de voir les ouvriers français jouir d'un plus grand bien-être, grâce à un travail plus demandé, nous nous sommes toujours refusé à comparer le prix que la main-d'œuvre reçoit en France, à celui qui lui est accordé en Angleterre. La différence, toute en notre faveur, nivellerait pourtant dans la plupart des cas, la diversité des conditions de production entre les deux pays. Il s'en faut de beaucoup que nos contradicteurs procèdent de la même manière; vis-à-vis l'Angleterre, ils oublient que notre main-d'œuvre est moins chère; ils en exaltent au contraire la cherté vis-à-vis la Suisse et l'Allemagne, sans se préoccuper des autres points de vue sous lesquels ces contrées sont dans une situation inférieure à la nôtre.

Il est vrai que la main-d'œuvre est à moindre prix en Suisse que chez nous; mais tout en tenant compte de cette différence, encore reste-t-il à l'apprécier à sa juste valeur. Or, en aucun cas, elle ne saurait donner aux fabricants Suisses un avantage de plus de 10 à 15 centimes par kilogramme, sur les filés pour calicots; c'est-à-dire qu'avec un droit de six pour cent nos filatures françaises seraient plus que garanties contre leur concurrence. Bien plus, ce droit nécessaire pour nos établissements urbains, ne le serait pas au même degré pour les établissements qui produisent à l'aide des nouveaux métiers renvideurs, ni pour ceux qui sont situés dans les campagnes.

Pour les filatures produisant des numéros élevés, la différence de main-d'œuvre est moins sensible encore que pour les filés pour calicots, un seul fileur suffisant pour conduire deux métiers de cinq cents broches chacun.

En diverses circonstances, nous avons exporté des filés en Suisse. Aurions-nous pu le faire dans l'hypothèse d'un salaire aussi minime que celui qu'on voudrait nous faire admettre?

Quant à l'Allemagne, la main-d'œuvre y est généralement payée au même prix qu'en Alsace; elle y est un peu moins élevée qu'à Mulhouse même, un peu plus que dans les Vosges. Qu'est-ce que cette filature de Sarrebruck dont il est fait mention dans le Mémoire auquel nous répondons? C'est dans le duché de Bade, dans la Prusse Rhénane, en Saxe qu'il fallait prendre un terme de comparaison.

En résumé, si le salaire de l'ouvrier fileur en Suisse et en Allemagne est généralement moins élevé qu'en France, la différence ne saurait justifier la prohibition. Le fabricant français sera préservé par un droit très-limité.

10° *Le tarif proposé par M. Dollfus placerait les filateurs dans l'alternative ou de diminuer les salaires de moitié, ou de fermer leurs usines et de mettre leurs ouvriers sur le pavé. Que deviendraient alors les cinq ou six cent mille personnes auxquelles ils donnent du travail et du pain!*

A lire de pareilles exagérations, il semblerait en vérité que le tarif que nous avons réclamé, soit une anomalie dans le système général des douanes étrangères. Mais nous parcourons vainement les tarifs de tous les pays voisins, nous ne trouvons nulle part de protection semblable à celle qu'on persiste à vouloir maintenir pour notre filature nationale.

En dehors de l'Angleterre et de la Suisse, qui toutes deux s'exposent sans crainte à soutenir la concurrence extérieure, nous avons déjà parlé des États du Zollwerein, où un simple droit de sept pour cent permet aux filateurs de prendre un accroissement gigantesque. Nous citerons encore le Piémont qui, en 1850, a établi sur les filés du no 20 au n° 60, de simples droits de vingt à soixante centimes par kilogramme, et qui en 1853, après un nouvel examen n'a point voulu les accroître, et a établi la proportion suivante d'après laquelle :

Les nos inférieurs aux nos 20 payent un droit de 20 c.

Les nos 21 à 32	—	—	30
Les nos 33 à 45	—	—	40
Les nos 46 à 60	—	—	50
Les supérieurs au n° 60	—	—	60

L'abaissement de droits sur les filés et sur les

calicots en Piémont, loin de ralentir l'essor de l'industrie dans ce pays, lui a donné une vive impulsion ; plusieurs établissements nouveaux ont été créés, d'autres augmentés. Tous ont été perfectionnés, améliorés ; les métiers Selfactings, inconnus avant 1850, s'introduisent en grand nombre.

Les importations en filés étrangers ont diminué depuis 1850 ; il ne s'est demandé, en 1852, que 86,561 kilogrammes.

Au reste, ce n'est pas d'aujourd'hui que les partisans de la prohibition cherchent à employer le système des prédictions sinistres. Ne fut-il pas publié en 1834, lorsque le gouvernement se décida à permettre l'entrée des filés de numéros très-élevés moyennant un droit de sept francs le kilogramme, que dès ce jour l'intéressante industrie des filés fins *était totalement perdue pour la France sans aucun profit pour celle des tulles ?* (1) Or, veut-on savoir combien l'étranger importe actuellement de filés fins en France ? Pas plus de trente mille kilogrammes par an, ce qui ne représente pas le produit d'une filature de trente mille broches ; et dans les environs de Lille seulement, la France compte pour ces

---

(1) Voir aux pièces justificatives, note **H**.

numéros spéciaux plus de cent vingt mille broches
à filer et de quarante mille à retordre !

Quant au sort des cinq à six cent mille ouvriers
de l'industrie cotonnière, on sait déjà qu'il ne dépend pas exclusivement de l'avenir de la filature,
comme nos contradicteurs cherchent à le faire
supposer. La fabrication des filés en France, n'emploie pas plus de soixante mille ouvriers ; pour tous
les autres, les filés sont une matière première. Que
nos contradicteurs réfléchissent plutôt à quels dan-
gers ils s'exposent eux et leurs ouvriers, en pré-
parant une crise prochaine par l'excès de leur production, conséquence nécessaire de l'excès de
leurs bénéfices.

Nous avons achevé la réfutation du Mémoire publié en réponse à nos divers écrits, et nous espérons avoir démontré que la levée de la prohibition est une réforme aujourd'hui nécessaire, et qu'elle ne peut présenter aucun danger sérieux. Il nous reste pourtant encore quelques considérations à faire valoir.

Nous tenons à rappeler d'anciennes démarches tentées il y a déjà vingt années, pour atteindre le but auquel l'industrie cotonnière doit aspirer aujourd'hui.

L'avis suivant fut émis dans la séance du 6 avril 1851, par la Chambre de Commerce de Mulhouse, consultée sur les moyens de remédier à la crise qui pesait alors sur l'industrie manufacturière.

« Si une industrie naissante a besoin de la pro-
» tection d'un système prohibitif, souvent impoli-
» tique, toujours une *nécessité immorale*, il n'en est
» plus de même aujourd'hui que l'industrie coton-
» nière est majeure en France. La Chambre pense
» donc que le moment est venu où notre système
» douanier, doit subir d'importantes modifications,
» en remplaçant, à l'égard des principales puis-
» sances continentales, par des droits protecteurs
» de l'industrie (et toujours avec une juste récipro-

» cité entre les États contractants), cette prohibi-
» tion exclusive qui trop longtemps a été une triste
» nécessité. »

Plus tard, sur la nouvelle du passage du roi,
parmi les vœux qui devaient lui être présentés, la
Chambre voulut y comprendre celui-ci ;

« L'abolition du système prohibitif des douanes,
» et son remplacement par des droits protecteurs
» de l'industrie nationale, en réciprocité avec les
» puissances contractantes. »

Nous observons parmi les noms des membres de
la Chambre de Commerce de Mulhouse, qui parti-
cipèrent le plus à ces délibérations, celui d'un des
signataires du mémoire, M. Nicolas Schlumberger.
En observant les faibles progrès de la filature en
France, et son dévevoppement en Suisse, il pen-
sait alors comme moi, *qu'il devait y avoir un vice
essentiel dans notre organisation industrielle et commerciale, et que l'industrie ne sortirait de son malaise,
que quand la consommation de ses produits pourrait
franchir les limites dans lesquelles le système de prohibition presque universellement adopté en Europe l'a
reserrée.*

« Ce système, écrivait-il en 1832, auquel l'Angle-

« terre a donné naissance, a été adopté en France
» par représailles dans un temps de guerre acharnée
» et à la suite d'une révolution qui avait fait faire
» des pas rétrogrades à notre industrie, et alors
» que cette industrie avait besoin de moyens extra-
» ordinaires pour se relever. Mais elle se trouve
» aujourd'hui en position de pouvoir rivaliser sous
» le rapport de la perfection de ses produits avec
» les pays étrangers les plus manufacturiers ; il y a
» un grand nombre de produits qu'elle peut fabri-
» quer à aussi bon compte.

» L'industrie cotonnière, qui dans son origine
» avait eu plus particulièrement besoin d'être pro-
» tégée par la prohibition, croit pouvoir s'en passer
» aujourd'hui. Nous appelons de tous nos vœux
» son abolition de la part de la France, de concert
» avec les autres puissances continentales, et son
» remplacement par des droits d'entrée de pays à
» pays. Nous avons la confiance, que dans cette
» concurrence universelle d'industrie, la France
» occuperait l'un des premiers rangs, et que si elle
» n'en obtient pas les résultats momentanément
» brillants que lui a procurés la prohibition, ses
» affaires du moins gagneront en étendue et en
» STABILITÉ. »

Avons-nous jamais tenu un autre langage? Et à quelle valeur ces paroles mûrement pesées ne doivent-elles pas être estimées, si l'on songe que déjà en 1832, elles étaient l'expression sincère d'une pensée vraie et consciencieuse !

C'est la vie, c'est la grandeur de l'industrie cotonnière en France que nous appelons de tous nos vœux. Le pays a déjà fait pour la filature d'assez grands sacrifices, et le moment est venu où ils doivent enfin lui profiter ; si l'état actuel ne devait jamais se modifier pour la filature, mieux vaudrait presque la sacrifier, car elle aurait prouvé son impuissance à devenir une industrie nationale.

La baisse des filés, c'est l'augmentation du travail, c'est le perfectionnement de nos métiers, c'est la réduction du prix de nos tissus, c'est enfin le développement de nos exportations dans une branche de commerce où une réduction de quelques centimes sur un mètre d'étoffe, peut amener une exportation de millions de francs.

La levée de la prohibition a un corollaire indispensable : l'affranchissement des matières premières. On n'a jamais assez senti dans notre pays l'immense intérêt de toutes les industries à se les procurer facilement ; elles sont chargées de droits et de surtaxes. Rien de plus funeste pour-

tant que de gêner le fabricant dans ses approvi-
sionnements ; en vain pense-t-on par le drawback
lui rendre le montant intégral de ses déboursés ;
l'imprimeur touche 25 francs par chaque centaine
de kilogrammes de toiles peintes qu'il exporte,
mais il en paie souvent à l'Etat plus de 40 en raison des diverses matières tinctoriales employées à
les confectionner. La différence, qui est considérable est une prime que notre législation accorde
gratuitement à l'industrie étrangère ; elle contri-
bue ainsi à nous faire supplanter par nos rivaux
sur les marchés de libre concurrence.

Chaque jour voit diminuer l'écart qui nous sé-
pare de la production anglaise ; nos constructeurs
gagnent en habileté ; grâce aux chemins de fer,
nous avons la houille à plus bas prix, nos transports sont moins coûteux. Laisserons-nous, lorsque
tout nous convie à la lutte, laisserons-nous les Anglais inonder le monde entier d'étoffes dont les
modèles leur sont fournis par nous.

C'est une folie que de supposer l'Angleterre disposée à fabriquer pour ne rien gagner ; elle aussi
court après des bénéfices, et elle ne les obtient que
par l'activité et l'intelligence. Elle paie ses ouvriers
plus cher, elle ne les fait travailler que dix heures
et parvient pourtant à produire à meilleur marché.

Pourquoi? C'est que chaque industrie chez elle sait que pour vivre et se développer elle doit avant tout se tenir au courant de tous les progrès et de tous les perfectionnements.

Que la filature en France, dégagée de la prohibition, recouvre le sentiment de sa propre responsabilité, et vous la verrez bientôt se préoccupant elle-même, comme elle aurait dû toujours le faire, de l'exportation des tissus de coton, favoriser tous les progrès du tissage, de l'impression, de la mousseline, du tulle. C'est dans le développement de ces industries que réside son avenir.

Nous ne cesserons de répéter que la protection doit avoir ses limites, tant dans l'intérêt du pays que dans celui de notre industrie elle-même, et qu'il n'est plus permis de demander le maintien de la protection sans limites, c'est-à-dire de la prohibition absolue.

PIÈCES JUSTIFICATIVES.

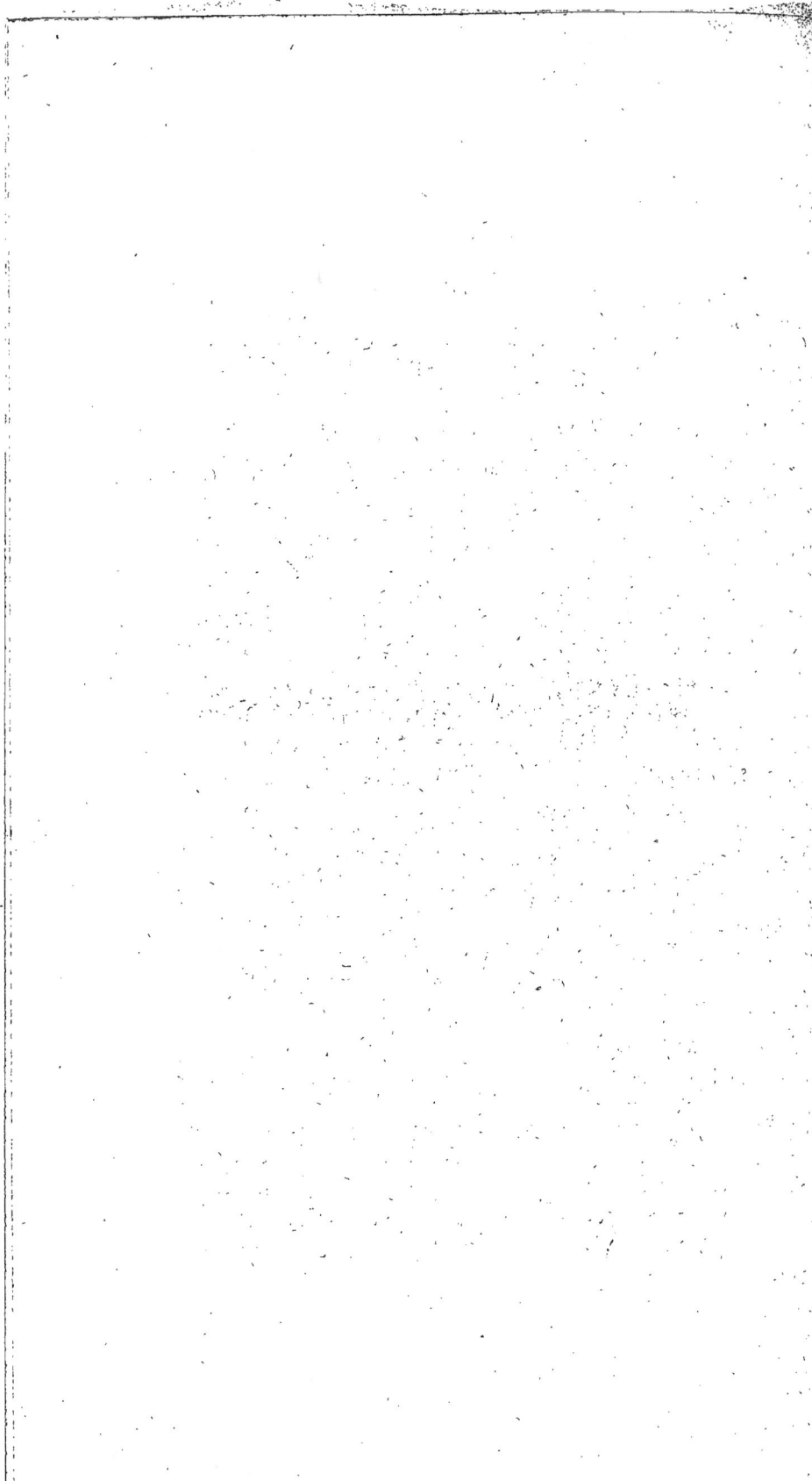

PIÈCES JUSTIFICATIVES.

NOTE A.

M. Cobden, à l'occasion de l'installation d'une école de dessin fondée à Manchester en 1851, par des fabricants de toiles peintes, a dit :

« En matière de goût, nous sommes aveuglément à la remorque de la France. Nous ne savons quel dessin adopter qu'après avoir pris connaissance de ce que les Français préparent pour la nouvelle saison. Nous sommes meilleurs négociants; les Français sont pauvres en houilles et en fer; ils n'ont point nos ports, mais comme manufacturiers, les Français, par la délicatesse de leur goût, leur habileté, leur science pratique dans les applications de la chimie et de la mécanique, et dans toute l'organisation des usines, marchent tout à fait de pair avec nous.

» Par la suite, pour trouver des acheteurs, il ne faudra plus compter sur le bas prix. Dans peu d'années toutes les nations du monde civilisé auront le goût développé à l'instar de celle de France. Celles de l'Orient lointain, dont l'esprit a sommeillé pendant des millions d'années et les tribus du centre de l'Asie, mettent de côté les dessins qui ont servi de temps immémorial et s'appliquent à adopter le goût supérieur des fabriques françaises. »

NOTE B.

Voici les chiffres officiels de l'importation et de l'exportation du coton en laine dans le Zollverein pendant les
années 1841 à 1851 ; ils marquent des quintaux métriques
de 50 kilos.

Années.	Importation.	Exportation.
1841.	273,182.	50,318.
1842.	317,939.	75,032.
1843.	391,148.	84,407.
1844.	358,727.	92,524.
1845.	446,470.	105,501.
1846.	352,740.	32,579.
1847.	391,151.	114,545.
1848.	396,493.	87,946.
1849.	551,140.	158,840.
1850.	494,298.	151,953.
1851.	590,809.	134,469.
1852.	660,000.	» »

NOTE C.

Voici les chiffres de l'importation en Belgique de 1841
à 1852 :

Années.	Cotons en laine.
1841.	7,549,635 kilog.
1842.	6,148,237.
1843.	7,515,484.
1844.	7,203,100.
1845.	8,691,013.
1846.	6,152,785.
1847.	7,618,119.
1848.	8,240,149.
1849.	10,255,058.
1850.	10,002,243.
1851.	9,714,650.
1852.	12,114,303.

SALAIRES TISSAGE.

OUVRIERS ET OUVRIÈRES.	ANGLETERRE.			FRANCE.				ZOLLWEREIN.	SUISSE.
	ASHTON.	BLACKBURN.		S.-QUENTIN.	LILLE et son rayon.	MULHOUSE.	VOSGES.	AUGSBOURG.	RAPPERSCHWEIL.
Bobineuses	2 08	1 70		1 50	1 »	1 16	» 95	1 43	» 75
Ourdisseuses	2 08	2 08		1 50	1 50	1 42	» 95	1 43	1 15
Pareurs	6 25	8 33		3 50	3 50	3 35	2 30	3 »	2 50
Tisserands	2 55	2 29		» »	» »	1 70	1 25	» »	» »
Tisserands, 1 métier	» »	» »		» »	» »	» »	» »	» 71	» »
— 2 id.	» »	» »		1 75	2 16	» »	» »	1 70	1 25
— 4 id.	» »	» »		» »	» »	» »	» »	2 15	» »
Monteurs de chaînes	2 25	» »		2 35	» »	1 92	» »	2 56	» 90
Contre-Maîtres en chef	7 08	4 51		» »	5 83	3 »	» »	6 45	3 »
Contre-Maîtres d'ourdissage	» »	» »		2 35	» »	» »	» »	3 »	» »
— de parage	» »	» »		1 16	» »	» »	» »	3 21	» »
— de tissage	» »	» »		2 35	3 33	» »	» »	3 »	2 »
Faiseurs de balles ou de courroies	2 92	» »		2 50	» »	1 75	» »	2 15	» »
Vérificateurs	5 »	» »		» »	» »	» »	» »	» »	» »
Emballeurs	2 92	» »		» »	» »	» »	» »	» »	» »
Manœuvres ou Journaliers	» »	» »		1 50	2 »	» »	» »	1 35	1 40
Soigneurs de pompes	» »	» »		2 35	» »	» »	» »	2 14	2 »
Chauffeurs	» »	» »		2 35	2 83	» »	» »	1 50	1 35
Auneurs	» »	» »		1 50	1 90	» »	» »	1 35	1 05
Gardes de nuit	» »	» »		1 50	» »	» »	» »	1 78	1 45
Enfants pour éplucher les tissus et pomper les cannettes	» »	» »		1 »	» »	» »	» »	» 64	» 60
Rentreurs et Rentreuses	» »	» »		2 »	» »	» »	» »	1 28	» »

SALAIRES DE FILATURE.

OUVRIERS ET OUVRIÈRES	ANGLETERRE.			FRANCE.					ZOLLWEREIN.	SUISSE.
	MANCHESTER.	ASHTON.	BLACKBURN.	LILL.	ROUEN.	ST-QUENTIN.	MULHOUSE.	VOSGES.	AUGSBOURG.	RAPPERSCHWEIL.
DIVERS.										
Contre-maître de carderie	7 50	5 83	4 58	3 »	4 »	5 »	4 17	» »	3 06	2 50
— de filature	10 »	7 50	5 62	6 »	4 50	5 »	3 48	» »	3 21	2 20
Garde de nuit	3 75	» »	2 94	3 »	» »	2 »	1 75	» »	1 78	1 45
Portier	2 50	2 94	2 94	2 »	» »	2 35	2 50	» »	2 42	» »
Magasinier	2 70	2 08	2 94	3 »	4 50	4 50	1 75	» »	2 44	1 63
Soigneur de pompes	5 »	» »	4 16	4 »	» »	3 »	3 »	» »	2 44	2 »
Chauffeur	3 75	3 75	3 75	3 »	4 25	3 »	1 87	» »	1 49	1 35
Graisseur	3 30	» »	» »	2 »	2 50	1 50	1 60	» »	1 35	1 35
Porteur de rouleaux	» »	» »	2 94	» »	» »	1 50	» »	» »	» »	» »
Manœuvre et journalier	» »	» »	» »	1 »	» »	1 50	» »	» »	1 35	1 40
Journalière	» »	» »	» »	1 »	» »	1 »	» »	» »	1 07	0 80
Numéroteuse	» »	» »	» »	1 »	» »	1 50	» »	» »	1 07	8 75
Sellier	» »	» »	» »	2 50	» »	2 50	» »	» »	2 44	1 45
BATTAGE.										
Soigneuses de wellons	» »	1 04	1 77	4 »	1 50	1 25	1 08	» »	» 85	» 78
— de batteur	1 57	1 30	1 35	» »	1 30	» »	1 »	» »	» »	» »
Soigneurs	2 18	2 94	3 33	» »	» »	» »	» »	» »	» »	» »
CARDES.										
Régleurs	2 95	3 75	2 94	3 »	» »	3 »	2 »	» »	1 78	1 95
Débureurs	2 66	2 53	2 »	2 »	4 12	1 50	1 50	1 25	1 43	4 20
Aiguiseurs de chapeaux	2 95	2 92	2 50	3 »	3 »	2 »	1 50	» »	1 56	1 40
Soigneuses	1 92	1 15	1 09	» »	1 08	» 75	1 »	» »	1 21	» 60

Suite de [...]

SALAIRES DE FILATURE.

OUVRIERS ET OUVRIÈRES	ANGLETERRE.				FRANCE.				ZOLLWEREIN.	SUISSE.
	MANCHESTER.	ASHTON.	BLANCBURN.	LILLE.	MOEN.	ST-QUENTIN.	MULHOUSE.	VOSGES.	AUGSBOURG.	RAPPERSCHWEIL.
ÉTIRAGES.										
Soigneuses d'étirages....	1 72	1 72	1 69	1 30	1 »	5 »	1 17	» »	3 06	2 50
BANCS A BROCHES.					1 30	5 »	3 18	» »	3 24	2 20
					» »	2 »	1 75	» »	1 78	1 45
Soigneuses en gros....	1 82	1 72	1 87	1 50	» »	2 35	2 50	» »	2 12	» »
Id. 2ᵐᵉ passage...	1 77	1 72	2 82	1 75	1 50	1 50	1 75	» »	2 14	1 65
Id. 3ᵐᵉ passage...	»	2 29	»	2 00	» »	3 »	3 »	» »	2 14	2 »
Aides-soigneuses......	1 27	1 04	»	»	1 25	3 »	1 87	» »	1 49	1 35
FILATURE EN FIN.					2 50	1 50	1 60	» »	1 35	1 35
Fileurs à bras........	» »	9 25	7 19	4 00	» »	1 50	» »	» »	1 35	1 40
Rattacheurs.........	» »	1 30	1 30	1 50	» »	» »	» »	» »	1 07	0 80
Bobineurs...........	» »	1 04	»	1 00	» »	1 50	» »	» »	1 07	8 75
Conducteurs de selfactings.	3 97	3 80	3 30	4 00	» »	2 50	» »	» »	2 14	1 45
Rattacheurs.........	3 00	2 30	2 30	»						
Batteurs à la main.....	» »	» »	»	3 25						
Éplucheurs Id.	» »	» »	»	1 25	1 30	1 25	1 08	» »	» 85	» 75
Dévideuses..........	» »	» »	»	2 00	1 30	» »	1 »	» »	» »	» »
					» »	3 »	2 »	» »	1 78	1 90
					3 12	1 50	1 50	1 25	1 43	1 20
					3 »	2 »	1 50	» »	1 56	1 40
					1 08	» 75	1 »	» »	1 21	» 60

NOTE F.

L'erreur à laquelle fait allusion le rapport de MM. Odier, Barbet, Nicolas Schlumberger, etc., nous a été pour la première fois reprochée dans une petite brochure publiée par M. Weiss-Schlumberger et signée par huit membres de la commission de la Société industrielle, commission qui n'en comptait pas moins de vingt-sept. Or, on comprendra facilement tout l'intérêt de M. Weiss-Schlumberger à faire peser sur nous la responsabilité d'une grave erreur, alors que nous venions de mettre en lumière une très-forte *inexactitude* commise par lui dans son rapport.

Nous disons inexactitude, et la défense même de M. Weiss-Schlumberger prouve comme l'évidence que ce n'est pas trop dire.

Il s'exprime ainsi, page 7 :

« Le premier calcul de la page 36 du rapport servait à » prouver que les filatures anglaises trouvent un prix ré- » munérateur dans 34 1/2 centimes de façon par 1/2 ki- » logramme de filés n° 40 anglais, tandis que, pour le » plus grand nombre des filatures françaises, 50 centimes » suffisent à peine pour produire le n° 34 $^{m/m}$ en » trame.

» D'où sortent les bases de cette évaluation? Elles

» sont tout bonnement prises dans les débats de la com-
» mission. »

Or voici ce que l'auteur de la brochure a trouvé au pro-
cès-verbal de la séance du 22 septembre 1852 :

« M. Schlumberger père appuie ce qui précède ; à une
» époque où il se trouvait en Angleterre, il fit avec un
» filateur anglais un calcul d'où il résulta qne la différence
» entre le prix d'achat du coton brut et le prix de vente
» du fil ne dépassait pas alors 52 cent. le 1/2 kil. pour
» le n° 32 anglais. »

Mais, je le demande, qu'y a-t-il de commun entre cette
façon de 52 centimes pour un n° 32 *anglais* et celle de
34 centimes pour un n° 40 *anglais* ? L'une n'exclue-t-elle
pas au contraire l'autre ?

L'idée d'aller chercher les éléments de son appréciation
dans les procès-verbaux de la commission trahit précisé-
ment l'embarras du rapporteur à justifier des chiffres qu'i
devait reconnaître complétement erronés. Ce qu'il fallait
montrer, c'était une cote d'octobre 1849 indiquant le prix
de 8 deniers la livre anglaise pour le n° 40/42 anglais ;
mais comment cela aurait-il pu se faire, lorsque cette cote'
pour les qualités les plus basses, n'a pas été au-dessous de
8 3/4 deniers ?

NOTE G.

Voici les résultats de l'enquête faite en Angleterre, à
otre prière, par les soins de MM. du Fay et Cᵉ, de Manchester :

« La valeur actuelle en Angleterre des deux espèces de
» filés qui nous sont soumises est de : -

» Chaîne 28 français on 32 anglais environ 10 1/2 par
» livre.

» Trame 36/38 français ou 43 anglais environ 11 à
» 11 1/4 par livre.

» Tout le monde est d'accord que les deux espèces de
» filés sont de bonne qualité, propres et bien filées ; des
» quatre personnes compétentes qui les ont examinées,
» trois évaluent la chaîne 32 à 10 1/2, et une à 10 1/4.
» La trame est évaluée par deux maisons 11 1/4, par une
» autre à 11, et par la dernière de 10 3/4 à 11.

» Nous considérons ces filés comme rentrant dans la
» classification du *best to very best second*, désignation
» qui peut répondre à une sorte de 40, valant de 10 à
» 11 par livre, suivant le mode de classement qui est du
» reste variable. »

» Les différences sont si grandes qu'il n'est pas facile
» de déterminer d'une manière exacte ce que vous désirez.

» Les filés dévidés ou les filés en écheveaux valent gé-
« néralement plus que ceux en bobines. Quelquefois ce-

» pendant, quand la demande pour les bobines est vive,
» elles valent de 1/4 à 1/2 par livre de plus que les filés
» en écheveaux.

» Le terme *medio* est donné aux filés *mule* quand ils
» sont considérés de force suffisante pour être employés
» comme chaîne. Il va sans dire que ce terme n'est jamais
» appliqué aux qualités les plus communes, mais qu'il
» commence à peu près aux filés désignés par *good to best*
» 2ᵈ *quality.* »

NOTE H.

Voici les termes mêmes d'une brochure intitulée : Observations des délégués de la Chambre de Commerce de
Mulhouse sur l'interrogatoire de M. Nicolas Kœchlin dans
l'enquête commerciale de 1834 :

« Il est une vérité que nous ne pouvons méconnaître,
« c'est que la levée de la prohibition des filés fins est
« moins préjudiciable à l'Alsace en particulier qu'aux au-
« tres localités qui fabriquent le même article et où l'on
« n'a pas, comme chez nous, la faculté de substituer, sans
« de grands désavantages, à cette fabrication, celle des
« numéros ordinaires. Mais il n'en résulte pas moins que
« cette intéressante industrie est *totalement perdue pour la*
« *France* sans aucun profit pour celle des tulles; et déjà
« M. le ministre du commerce a pu se convaincre que cette
« assertion est entièrement *dégagée d'hyperbole.* »

ANNEXES.

ANNEXES.

No 1.

MULHOUSE.

LETTRE AU RÉDACTEUR EN CHEF DU *Journal des Débats*.

Monsieur,

Vous avez à plusieurs reprises signalé la tendance qui se manifeste en Alsace en faveur d'une réforme douanière dont les bases principales seraient l'affranchissement plus ou moins complet des matières premières qui n'ont pas de similaires en France, et le remplacement de la prohibition absolue par un système suffisamment protecteur.

Nous croyons devoir vous faire savoir que cette opinion, qui est la nôtre, et dont le caractère essentiellement modéré ne saurait être confondu avec célui des théories libre-échangistes, compte effectivement dans notre contrée beaucoup d'adhérents et qu'elle ne peut que gagner du terrain, si la presse a soin de faire connaître bien clairement son but et les concessions préliminaires qu'elle se croit en droit de demander au Gouvernement, afin d'être à même d'accepter sans secousse le passage d'un système à l'autre.

Signé : KŒCHLIN frères, STEINBACH-KŒCHLIN, JEAN ZUBER et Cᵉ, ANDRÉ KŒCHLIN et Cᵉ, CH. KESTNER, CH. STEINER, ED. TRAPP, LÉONARD SCHWARTZ, HENRY WEBER, HENRY GROSHEINTZ, J. MANTZ BLECH, SCHWARTZ et HUGUENIN, HUGUENIN CORNETZ, ZUBER et RIEDER, A. SCHEURER-ROTT, ED. HEILMANN, ALBERT HEILMANN, JOSUÉ HOFER, DOLLFUS-MIEG, DANIEL ECK, ED. HOFER-GROSJEAN, SCHLUMBERGER jeune et Cᵒ.

Nº 2.

SAINTE-MARIE-AUX-MINES.

La pétition suivante a été adressée à M. le Ministre de l'Intérieur de l'Agriculture et du Commerce, par MM. les Fabricants de Sainte-Marie-aux-Mines :

« Pénétrés de la haute sollicitude de Votre Excellence pour les industriels et pour les améliorations à apporter au sort des classes ouvrières,

« Nous soussignés,

« Fabricants de Sainte-Marie-aux-Mines, avons l'honneur de vous exposer que, malgré la reprise générale des affaires commerciales, notre industrie qui consiste à faire tisser à bras des tissus de coton teint et articles de fantaisie, est dans une situation très-critique ; nous devons faire connaître les causes qui mettent en péril notre existence industrielle ainsi que celle de vingt mille ouvriers que notre fabrique fait vivre, et qui se trouvent agglomérés dans notre localité, disséminés dans un rayon de six lieues environ.

« Pendant un certain temps, la consommation de la France suffisait à l'écoulement de nos produits ; notre industrie n'avait pas pris le développement auquel elle est arrivée. Nous avions même accès sur des marchés étrangers, où malgré des différences de prix, le bon goût qui distingue la fabrication française, le laborieux travail du renouvellement des genres et la variété des dessins appelaient la préférence sur nos tissus, alors, nous pouvions payer une main d'œuvre qui suffisait à l'entretien de nos ouvriers, qui leur assurait à la fois un bien être moral et matériel. Aujourd'hui la concurrence n'est plus possible avec l'étranger, et le marché intérieur est encombré de produits fabriqués : il y a surcroit de marchandises, il y a stagnation, peut-être y aura-t-il crise. Quelles sont les causes de cet état de choses ? Veuillez nous permettre, monseigneur, de vous les dire.

« La filature française n'a pas suivi le développement de l'industrie des tissus depuis une certaine période : elle a monté des établissements nouveaux, des broches de plus, sans que leur rendement défini par kilogrammes, soit de beaucoup supérieur à ce ce qu'il était il y a six ou dix ans. Une grande partie des filatures qui filaient des numéros courants, soit n° 28 à 40 chaînes et 30 à 50 en trame, ont converti leurs métiers ordinaires en métiers fins, ce qui fait que la filature française produit moins de kilogrammes de filés que la moyenne des broches en œuvre ne permettrait de le supposer, sans qu'elle parvienne toutefois à filer la quantité des numéros fins qu'il faudrait à nos di-

verses villes de fabrique. Il est résulté de cet état de
choses que le tissage ne trouve plus à s'approvisionner convenablement et que la filature exerce un monopole que le
manque de filés rend facile, et élève ses prix à des limites
ruineuses pour l'industrie des tissus; si successivement
nous avons été forcés d'abandonner tous les marchés
étrangers, nous le devons à cette situation anormale.

« La filature de coton est donc depuis longtemps l'en-
trave à notre développement, la borne qui arrête nos progrès. Lorsque les lois de douane ont été discutées en 1836
et 1841, les rapporteurs de ces lois (dont l'un était M. Du-
cos, votre honorable collègue, et l'autre M. Martin (du
Nord) déclarèrent dans leurs rapports que ces lois avaient
un caractère essentiellement temporaire et provisoire, et
qu'elles se modifieraient d'après les progrès de notre industrie.

« Or, nous croyons que le temps est venu d'apporter
ces modifications à nos lois douanières. Nous les demandons sages et modérées, nous ne sommes pas libre-échangistes, nous savons que cette doctrine est contraire aux
vrais intérêts économiques de notre pays.

« Mais nous croyons qu'il serait utile de remplacer la
prohibition des cotons filés étrangers par un droit protecteur, qui, tout en sauvegardant les intérêts de la filature,
relèverait le tissage de sa position désastreuse et réta-
blirait entre ces deux industries, un équilibre dont la des-
truction pourra, par ses conséquences, devenir fatale aux
deux.

« L'adoption d'un système d'échelle mobile comme il existe pour le commerce des grains, nous a paru tout d'abord une mesure rationnelle, mais encore il n'existe pas de cote officielle qui constate le prix moyen des filés ; un droit *ad valorem*, et qui différerait, selon la finesse des numéros, serait un moyen plus simple et plus facilement applicable. L'entrée des filés étrangers, moyennant un droit protecteur sagement combiné, ne saurait porter ombrage à la filature française, dont les produits ne suffisent plus aux besoins du tissage ; elle modérerait sans doute ses bénéfices, mais elle diminuerait les crises commerciales et empêcherait les grèves et les coalitions d'ouvriers en leur assurant du pain par l'extension donnée au travail national. Une enquête faite consciencieusement par des hommes désintéressés démontrerait jusqu'à l'évidence la justesse de ce système.

« Nous remettons avec confiance notre supplique entre les mains de Votre Excellence et nous espérons qu'elle voudra bien y faire droit.

Ont signé :

Fischer frères et Kienlin, Xer Kayser et Ce, J. Degermann, Blech frères, Auguste Hepner et Ce, Nos. Koenig et frère, Lamoureux et Lessalin, Dreyfus-Werth et Ce, Rhulmann et Landsmann, Alex. Ancel, Karl-Schwartz, Dreyfus

jeune et LÉVY, Ad. CHENAL, MATHÉUS et
FELMÉ, J.-D. URNER jeune, LANDMANN-
LEDOUX, ULRICH-JUNG, J.-D. GIMPEL,
ZÆPFFEL-CHENAL, D^{el} KLEIN et fils, V.-
L. STEINER, Gustave STROHL, E. BRESS-
LER, G^{ve}. SCHIFFMANN et HAHN, BOUR-
GEOIS ET JOLY, CH. STRICKER, WICHARD
aîné, FROMMEL, A. SCHLUMBERGER, pp^{on}
BRICK et DIETSCH J. DIETSCH, WEISGER-
BER et Cie

N° 3.

CALAIS.

La Chambre de Commerce de Calais a adressé la pétition suivante au gouvernement, à la date du 22 mai 1852 :

La tullerie française demande que le Gouvernement mette fin au privilége dont jouit la filature spéciale des fils à tulle, privilége qui n'existe au profit,

1° Ni de la sériculture et du moulinage contre les soieries, puisque les soies grèges, les soies moulinées, les fils de bourres de soie, entrent : les premières en franchise, les secondes au droit de 4 à 5 pour 100 de leur valeur ;

2° Ni de la filature de lin et de chanvre, puisque ces fils ne payent que 9 pour cent venant de Belgique, et 16 à 17 pour cent venant de partout ailleurs ;

3° Ni de la filature de laine contre nos châles et tissus mélangés, puisque les fils de poils de chèvre ne payent que 1 1/2 pour cent.

Or, grâce aux tarifs qui régissent ces matières première, nous exportons :

En soieries. . . . .   246 millions.
Étoffes mélangées. . . . .   28 —
Tissus de lin. . . . .   20 —
Châles brochés. . . . .   17 —

Ensemble. . . 311 millions.

ou le tiers de la totalité de nos exportations (tableau général XLV du commerce de la France pour 1850, administration des douanes).

On peut affirmer à coup sûr que Mulhouse, Tarare,
Calais, exporteraient nos tissus de coton dans le même rapport s'ils étaient favorisés à l'égal des soieries, des châles,
des toiles, des étoffes mélangées. D'où vient dès lors cette
immunité dont, seule, jouit la filature de coton contre nos
genres de tissage?

Nous demandons, comme nous l'avons inutilement fait
depuis vingt-cinq ans, qu'elle rentre aujourd'hui *dans le
droit commun, puisqu'elle est dans les mêmes conditions
générales de production,* des filatures de lin, de soie, de
poils de chèvre;

Et pour nous, nous demandons l'égalité de protection
accordée aux tissus précités, qui forment le plus beau fleu-
ron de la couronne industrielle de France.

Que la prohibition soit donc levée indistinctement sur
tous les *numéros* des fils de coton retors, *écrus, blanchis*
ou *teints*, et qu'ainsi on nous procure les mêmes facilités
de travail, à nous qui sommes, que le Gouvernement ne
l'oublie pas, la cause déterminante de la consommation des

cotons filés, et que nous gêner, c'est marchander le champ à l'agriculteur, c'est arrêter à la fois, filature, tissage et commerce.

Nous fondant sur le vote favorable du conseil général du commerce du 15 janvier 1846, qui décida « *qu'il y avait lieu de modifier le tarif des cotons filés retors pour tulle et le modifia en effet,* » nous venons aujourd'hui reprendre et proposer cette tarification basée sur ce principe : « *Que la décroissance de la taxe doit être successive sur les numéros élevés.* »

En conséquence, et tenant compte des faits qui se sont produits depuis 1845-46 qui prouvent que, contrairement à leurs dires d'alors, les filateurs ne redoutent plus aujourd'hui la concurrence sur les numéros fins, nous proposons la taxe suivante :

TARIFICATION.

Du n° anglais 20 à 120. 1 ʿ 00° le kil. (décime compris.)

    —   130 à 220. 2 50   —

    —   230 et au-dessus 4 fr.   —

Au moyen de ce droit proportionnel, le Gouvernement forcera les filateurs à réduire leurs énormes bénéfices, à améliorer leurs qualités, et il répartira équitablement cette protection qu'on invoque toujours pour soi et toujours aussi en oubliant ceux qu'elle blesse et qu'elle opprime.

N° 4.

TARARE.

Nous mettons sous les yeux de nos lecteurs le compte-rendu, d'après le COURRIER DE LYON, de la séance du conseil général du Rhône, où se trouve rapporté le texte de la délibération de la Chambre de Commerce de Lyon, relative aux filés de coton.

Conseil général du département du Rhône.

Séance du 2 septembre 1853.

Vœu pour l'entrée des déchets de cotons étrangers et des filés anglais.

Un membre de la commission des vœux présente au conseil un rapport sur deux demandes relatives à l'industrie cotonnière :

L'une adressée par la ville de Thizy, tendante à la libre introduction en France des déchets de cotons, étrangers, et, dans tous les cas, à la réduction des droits énormes qui frappent ceux non prohibés ;

L'autre, adressée par la chambre consultative de Ta-

rare, en date du 30 avril dernier, exprime les plaintes de
de la fabrique de Tarare, fabrique qui serait peut-être sans
rivale, et acquerrait un rapide dévoloppement si elle
n'était paralysée par la protection exagérée conservée depuis trop longtemps aux filatures françaises ; elle tend à
l'introduction des cotons filés anglais, à partir du n° 130,
au moyen du droit établi de 7 fr. 60 cent. par kilogram. ;
pour les cotons filés, n° 170 et au-dessus ; et à l'abaissement progressif de ce droit excessif, trop favorable à la
contrebande.

Ces deux demandes ont été accueillies favorablement :

1° Par le *conseil d'arrondissement de Villefranche*,
qui, dans sa séance du 5 août dernier, a émis le vœu que
l'introduction des filés anglais jusqu'au n° 170, ainsi que
celle des déchets provenant de cotons étrangers, puissent
se faire librement, ou que du moins les droits supportés
par ces produits soient considérablement réduits,

2° Par la *chambre de commerce de Lyon*, qui, consultée par le conseiller d'État chargé de l'administration du
département du Rhône, a répondu, le 25 août dernier,
par la délibération suivante :

« En ce qui concerne la libre entrée des cotons filés anglais
jusqu'au n° 170,

« Considérant que, nonobstant la prohibition qui frappe les
cotons filés autres que ceux du n° 170 et au-dessus, il est de
notoriété publique que ces cotons prohibés sont fournis à l'industrie au moyen d'une contrebande dont la prime est connue
dans le commerce ;

« Que ce fait, immoral par lui-même, constate néanmoins
que les qualités de cotons filés provenant des filatures fran-

çaises sont ou insuffisantes ou d'une qualité qui ne satisfait pas aux besoins de l'industrie de la ville de Tarare ; que dans l'un et l'autre cas il est injuste de laisser subsister une prohibition qui, d'un côté, paralyse le travail d'une population nombreuse, et, de l'autre, constitue au profit des filatures françaises un monopole préjudiciable aux intérêts des tisseurs et des consommateurs.

« En ce qui concerne la libre entrée des déchets provenant des cotons étrangers ;

« Considérant que les déchets de cotons tirés des filatures françaises sont également loin de suffire aux demandes de l'industrie ; que cela est prouvé par le seul fait du renchérissement anormal qu'ont subi ces déchets d'une valeur intrinsèque très-minime ;

« Considérant que cette hausse est encouragée et maintenue par les droits qui pèsent sur les déchets étrangers, lesquels droits sont, contre toute équité, égaux à ceux qui grèvent les cotons en laine ; que cette disposition du tarif a pour premier effet de laisser les ouvriers de nos montagnes manquer d'une matière nécessaire à leur travail, tandis que l'étranger, qui n'utilise pas ses déchets, pourrait leur en fournir à très-bon compte et presque pour rien ; et, pour second résultat, d'élever le prix d'articles destinés aux vêtements des populations rurales les plus pauvres.

« Que s'il est vrai de dire que la libre introduction des déchets étrangers doit, en faisant baisser le prix des déchets français, augmenter d'autant le prix de revient des filatures nationales, il ne faut voir là qu'un argument en faveur de l'abaissement du droit qui frappe les cotons en laine, abaissement que la chambre a, du reste, toujours demandé, comme elle a demandé celui de tous droits grevant les matières premières ;

« Considérant qu'à ces motifs généraux il s'en ajoute un autre d'un ordre particulier et actuel tiré de la nécessité d'assurer pour cet hiver du travail aux nombreux ouvriers de Tarare et des montagnes du Beaujolais, alors surtout que les denrées de première nécessité s'annoncent comme devant atteindre un très-haut prix.

« Émet le vœu qu'il soit fait droit à la demande de la ville de Tarare et à celle de la ville de Thizy ; que la prohibition qui frappe les cotons filés au-dessous du n° 170 soit effacée de notre code des douanes et remplacée par un droit qu'on pourrait établir d'abord à un taux élevé, mais qui cependant ne devrait pas dépasser 20 pour 100 de la valeur moyenne, et dans tous les cas devrait être fixé au-dessous de ce chiffre, si cela était nécessaire, pour neutraliser les effets de la contrebande ; et, en outre, que les droits qui grèvent les numéros 170 et au-dessus soient aussi réduits de façon à rester toujours inférieurs à la prime de la contrebande ;

« Et que les déchets de cotons étrangers soient admis en franchise.

Lecture est donnée au conseil de cette délibération, ainsi que de l'exposé des motifs de pétitions, au nombre de vingt, portant la signature des principaux négociants, filateurs, fabricants, teinturiers des villes et des communes de Thizy, Villefranche, Réguy, Cours, Montagny, Mardore, la Chapelle-de-Mardore, Marnand, Bourg-de-Thizy, Saint-Vincent-de-Reins, Meaux, Saint-Bonnet-le-Troncy, Thel, Ranchal, Sevelinges, Cublize, Lagresle, Cuinzier, Combres, Saint-Jean-la-Buissière, Grandris.

Les pétitionnaires exposent :

Que l'industrie principale des montagnes du Beaujolais est la filature et la fabrication des tissus de déchets de coton et de soie alimentant pendant les deux tiers de l'année une population de plus de six mille familles ;

Que la réduction des droits d'entrée en France des dé-

chets de coton et de soie étrangers a donné lieu immédia-
tement à la création d'une nouvelle richesse, par l'emploi
de ces mêmes déchets dans la fabrication des tissus de cette
même localité, et a prévenu en partie les regrettables
chômages occasionnés par la rareté et la cherté des déchets de coton des filatures françaises, les seuls jusque-là
employés;

Mais que les déchets de coton étrangers sont encore ou
prohibés, comme ceux d'Angleterre, ou frappés, comme
les cotons neufs eux-mêmes, d'un droit équivalent à une
véritable prohibition pour ces rebuts ou balayures d'usines,
qui pourrissent en partie à la porte des filatures étrangères,
tandis qu'ils se vendent en France, sur le marché de Thizy
à un prix exorbitant;

Qu'il importe de se procurer facilement ces matières
premières, notamment les déchets *gras huilés*, employés
exclusivement dans la localité, la seule organisée, par ses
usines et ateliers, pour leur exploitation,

Qu'il serait de toute justice, sinon d'affranchir entièrement ces marchandises des droits d'entrée, du moins de
les dégrever, et de substituer à la taxe unique de 22 fr.
les cent kilogrammes qui les frappe comme les cotons
neufs, un droit, *ad majorem*, proportionné au droit acquitté
en moyenne par les cotons neufs;

Qu'obtenir ce dégrèvement et la levée de la prohibition
de l'entrée des déchets anglais, c'est créer dans nos mal-
heureuses montagnes une nouvelle source de travail et de

bien-être pour la classe ouvrière, déjà menacée par la cherté des denrées alimentaires.

Les mêmes pétitionnaires sollicitent du conseil un vœu favorable et conforme à ceux du conseil d'arrondissement et de la chambre de commerce de Lyon.

Après une discussion approfondie sur ces deux demandes,

Le conseil général,

Sa commission des vœux entendue;

Vu la demande des industriels des cantons de Thizy, de Tarare et autres;

Vu la délibération de la chambre consultative de Tarare du 30 avril dernier;

Vu le vœu émis par le conseil d'arrondissement de Villefranche dans sa séance du 5 août dernier;

Vu la délibération de la chambre de commerce de Lyon du 25 août dernier;

Adoptant les motifs exprimés dans cette délibération, laquelle demeurera annexée aux procès-verbaux du conseil;

Émet le vœu :

« 1° Que la prohibition qui frappe l'entrée en France des déchets de cotons anglais soit levée, et que les déchets de cotons étrangers soient admis en franchise;

« 2° Que la prohibition qui frappe les cotons filés au-dessous du n° 170 soit également effacée de notre Code des douanes ;

« 3° Que les droits qui grèvent les n°ˢ 170 et au-dessus soient réduits en raison des progrès accomplis par les filatures françaises ; laissant au gouvernement le soin, soit de fixer la quotité du droit de manière à concilier les divers intérêts du commerce français et à réprimer la contrebande, soit de favoriser l'un ou plusieurs des produits français en faisant de leur entrée en Angleterre ou de la diminution du droit qui les frappe une condition de cette concession. »

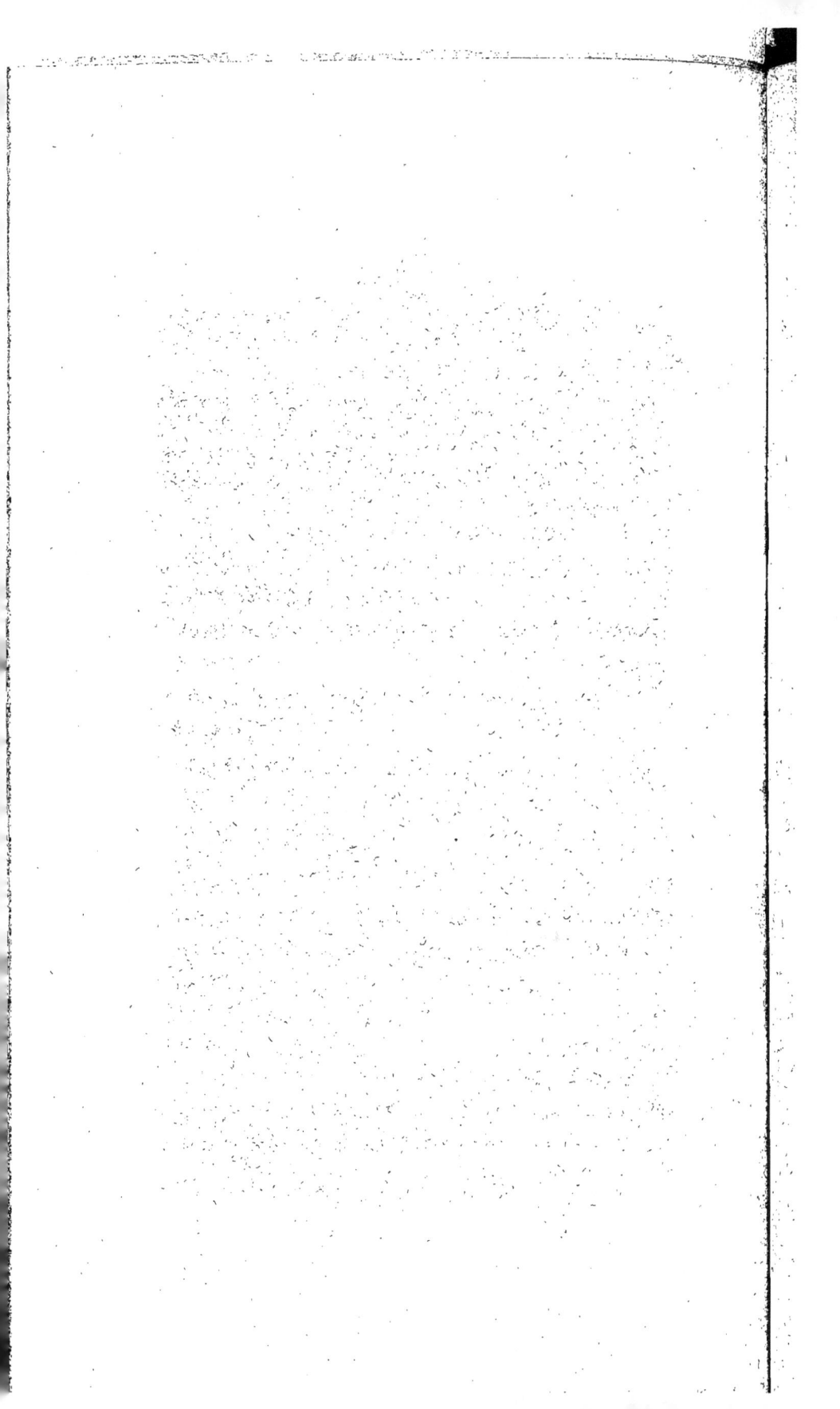

LETTRES

adressées au rédacteur du journal des Débats, en réponse aux discours de M. Thiers, sur le maintien du système prohibitif.

Mulhouse, le 5 Juillet 1851.

Monsieur,

M. Thiers, en parlant de l'industrie cotonnière et de la proposition que j'ai faite à la Société Industrielle de Mulhouse, en faveur de la levée de la prohibition des filés et des tissus de coton, ainsi que de l'affranchissement complet des matières premières qui n'ont pas de similaires en France, a commis des erreurs nombreuses que je dois relever, et je vous serai obligé, monsieur, de vouloir bien insérer ma réclamation dans un de vos prochains numéros. Je ne me dissimule pas combien il me sera difficile de porter la conviction dans les esprits séduits, irrésistiblement entraînés par un talent dont je suis moi-même l'un des plus sincères admirateurs; mais cela ne me découragera pas; les faits, les chiffres parleront assez haut, je l'espère, pour donner raison à l'homme pratique et tort à l'homme d'État, incomplétement initié à des détails dont il arrive forcément à tirer de fausses conclusions.

Je ne suis pas le seul à demander une réforme douanière : un grand nombre d'industriels, de négociants d'Alsace, et parmi eux de très-considérables, croient avec moi
que l'industrie cotonnière n'a plus besoin de la prohibition, et qu'elle prendrait un développement beaucoup plus
grand sous un système moins restrictif, mais toujours protecteur.

Ce ne sont pas les fabricants de toiles peintes seulement
qui demandent la levée de la prohibition, mais bien des
propriétaires de filatures et de tissages importants. Ma
proposition a été prise en considération par la Société industrielle à une très-grande majorité, et elle a été ren-
voyée à une commission dont beaucoup de membres par-
tagent mon opinion.

M. Thiers a donc avancé un fait inexact en disant que
la ville entière de Mulhouse protestait contre ma manière
de voir.

J'ajouterai, pour mieux faire connaître l'état de l'opinion, que dès 1832 M. Nicolas Kœchlin, puis, en 1834,
la Société Industrielle, se prononçaient en faveur d'une législation plus libérale: qu'en 1846, elle renvoyait, pour
être amendé, un rapport de son vice-président, qui con-
cluait en faveur du maintien de la prohibition, et qu'en
dernier lieu la chambre de commerce de Mulhouse, qui
compte dans son sein plusieurs de nos notabilités industrielles, MM. Nicolas Schlumberger, Isaac Kœchlin et
d'autres filateurs et tisseurs encore, la chambre de com-

merce, dis-je, vivement pénétrée de ce qu'avaient de grave et de fondé les plaintes de l'industrie des toiles peintes, décida, à l'unanimité moins une voix, que l'on demanderait au Gouvernement la faculté d'importer des tissus étrangers à charge de réexportation.

La commission de vingt-quatre membres qu'a nommée la Société Industrielle se compose principalement de filateurs, de tisseurs, de fabricants d'impressions; on peut donc admettre qu'elle établira d'une manière exacte et pour les divers produits de l'industrie cotonnière la différence du prix de revient en France, en Angleterre et en Suisse.

En attendant, M. Thiers ne craint pas de porter à environ 50 p. 0/0 la différence qui existe entre le prix de revient français et anglais des filés pour calicot. Cette différence, dit-il, ne ferait pas moins de 250,000 fr. sur un produit de 250,000 kilog. valant 800,000 fr.

On va voir à quelle conclusion inadmissible on arrive par des données pareilles !

En Alsace, terre classique de l'industrie cotonnière, nous savons tous, et les partisans les plus chauds du système prohibitif l'admettent avec nous, que le prix de revient, le déchet et tous frais de fabrication compris, de 1 kilogr. de coton filé pour calicot, est de 1 fr. à 1 fr. 20 c., soit en moyenne de 1 fr. 10 c. par kilogr. ; ce qui fait pour 250,000 kilogr. une somme de 275,000 francs.

Or, la façon de ces mêmes 250,000 kilog. devant

coûter en Angleterre 250,000 fr. de moins, il faudrait admettre qu'on pût les filer pour 25,000 fr. !

Il est dommage, en vérité, de s'arrêter en si beau chemin ; encore 3 ou 4 p. 0/0 de plus dans la différence des prix de revient, et M. Thiers nous prouvait, à son insu, je n'en doute pas, qu'en Angleterre ou file pour rien.

Le comité central institué à Paris pour la défense du travail national, auprès duquel M. Thiers paraît avoir puisé une grande partie de ses renseignements, évalue la main-d'œuvre seule en Angleterre à 32 centimes le kil., ce qui ne fait pas moins de 80,000 fr. pour 258,000 kil. ; et cependant il y a à ajouter à cette somme un capital considérable pour intérêts, amortissement, entretien du matériel, etc.

M. Thiers ajoute au prix de revient le droit d'entrée sur les cotons 66,000 fr. et le transport à l'usine 25,000 fr. Ces deux sommes font près de 12 p. 0/0 ; j'ai dû n'en pas tenir compte dans mes calculs, car il est évident que par la levée de la prohibition nous arriverons à l'affranchissement des droits sur le coton, comme cela a eu lieu dans les pays où la prohibition n'existe plus ; dans tous les cas, on ajouterait ces droits, s'il étaient maintenus, à ceux qu'on établirait pour protéger le travail national. Quant au transport, il en coûterait plus pour arriver avec les filés anglais de Manchester à Rouen et à Mulhouse que ce que nous payons pour le port du coton.

Relativement aux bas prix que M. Thiers assigne aux machines anglaises, je me bornerai à dire que l'Italie et l'Espagne s'adressent journellement à nos constructeurs, et qu'en 1847, entre autres, MM. André Koechlin et Cᵉ, nos plus grands constructeurs de machines, ont pris pour Santander une commande de 8,000 broches et de 300 métiers à tisser que l'Angleterre n'avait su se faire adjuger, malgré la facilité relative du transport.

Je n'ai pas, ainsi que l'a avancé M. Thiers, demandé la libre entrée des tissus étrangers; ma proposition consistait dans l'admission des tissus écrus, blancs et imprimés, moyennant un droit de 20 à 25 p. 0/0, et dans celles des filés, au droit de 15 p. 0/0.

Bien qu'en ait dit encore M. Thiers, les machines à filer, en France, ne sont pas de 120 broches; il n'en existe pas de semblables; les moindres ont 200 à 240 broches, ce sont des machines très-anciennes qui datent de plus de trente ans.

Depuis longtemps on construit généralement les métiers à filer de 4 à 500 broches, et l'un de nos grands établissements vient même d'essayer avec succès des métiers de 1,000 broches.

On dit que nous filons plus chèrement en France, parce qu'un ouvrier y conduit moins de broches qu'en Angleterre; mais ne pourrions-nous pas tout aussi bien, s'il y a avantage à le faire, construire des métiers calqués sur les métiers anglais? Ne conviendrait-il pas, si nous ne réalisons pas ce progrès, tout à l'avantage du pays, de nous y forcer par la concurrence étrangère?

De même que nous pourrions construire de grands mé-

8

tiers à filer, les Anglais pourraient, de leur côté, établir des moteurs ne consommant que 5 kilogrammes de houille par heure et par force de cheval, au lieu d'en avoir qui brûlent le double, s'il faut en croire M. Thiers. Nous ne devons donc pas, de part et d'autre, nous prévaloir de différences de condition qu'il ne dépend que de nous de faire disparaître. Le fait est qu'il y a en France des machines à filer qui ont autant de broches par métiers anglais, et en Angleterre des machines à vapeur brûlant aussi peu de houille que nos machines les plus perfectionnées.

M. Thiers nous fait, à propos d'une pièce de madapolam achetée en Angleterre au prix qu'il l'eût payée en France, une théorie toute nouvelle de commerce intermédiaire. En France nous arrivons généralement au consommateur par deux intermédiaires : celui du marchand en gros et celui du détaillant.

M. Thiers en indique trois pour l'Angleterre. Bien que nous sachions par expérience que c'est rarement le cas, nous voulons bien l'admettre un instant; mais alors résulterait-il de ce rouage une augmentation de coût de 50 pour 0/0? A peine pourrait-on en admettre six ou huit pour un article d'une vente aussi facile que le calicot. Ces 30 pour 0/0 que l'on a constatés entre les productions anglaises et française, que deviennent-ils alors? A qui passent-ils, puisque le consommateur anglais n'en profite pas?

La vérité est que le calicot coûte actuellement chez le fabricant français, déduction faite des droits payés à l'en-

tréa sur le coton, à peu près le même prix qu'en Angleterre;
j'en ai la certitude par des échantillons que j'ai sous les
yeux.

Il est vrai que dans ce moment les tissages et les filatures pour calicot, placés dans les meilleures conditions de
production, arrivent difficilement à faire le pair, et que l'industrie anglaise est un peu mieux partagée; mais il y a
loin du petit bénéfice qu'elle fait aux 30 à 40 pour 0/0
qu'elle gagnerait si le calcul de M. Thiers était exact.

Je ne parle pas du droit d'entrée de 10 pour 0/0, dont,
d'après le dire de M. Thiers, nos toiles peintes communes
seraient frappées à leur entrée en Angleterre! Cette
erreur a été relevée; mais une erreur de cette nature, alors
qu'on dit s'être renseigné aux meilleures sources, ne doit-
elle pas ébranler quelque peu la foi que l'on doit attacher à
ces renseignements si soigneusement recueillis et qui forment la base de tant d'arguments en faveur de la prohibition?

M. Thiers fait remarquer, à propos de ce soi-disant droit
de 10 pour 0/0, que les toiles peintes anglaises, qui sont
généralement des toiles à très-bas prix, sont par-là suffisamment couvertes.

On a vraiment de la peine à concilier de pareilles remar-
ques avec ce qui a été dit précédemment de la différence des
conditions de production des deux pays; si cette différence
est bien de 30 pour 0/0 pour la filature seule, dans quel
but l'Angleterre, si forte sur le terrain du bon marché, y
aurait-elle ajouté une protection de 10 pour 0/0 portant

sur les tissus communs, alors qu'elle laisse entrer en franchise les tissus fins de coton?

Une erreur très-grave qu'on commet souvent, et que
M. Thiers partage aussi, c'est de croire que l'industrie des
toiles peintes continue à n'exporter, comme il y a vingt et
trente ans, que des articles de haute nouveauté. En 1825,
à l'époque où nos exportations ont commencé, nous ven-
dions nos indiennes au rouleau 3 fr. 25 c. à 3 fr. 50 c.
l'aune avec des calicots qui valaient environ 1 fr. 50 c.,
soit avec une façon d'impression de près de 2 fr. l'aune.
Aujourd'hui ces mêmes étoffes se vendent aux environs de
80 c. le mètre, et même beaucoup au-dessous pour de
grosses affaires d'exportation, soit souvent avec une façon
d'impression de 25 à 30 c. seulement. On doit bien penser
que des façons aussi réduites n'excluent nullement la concurrence avec l'Angleterre pour les articles courants d'une
grande consommation, lorsque les prix par trop élevés des
tissus écrus n'y viennent pas mettre obstacle.

On a particulièrement fait valoir la perfection de nos
produits, le goût des dessins et la beauté des couleurs. J'ai
toujours pensé que si les indiennes françaises, qui trouvent
déjà un débouché si considérable au dehors, pouvaient
constamment être fabriquées sur des tissus ne coûtant jamais plus de 10 à 15 pour 0/0 de plus que les tissus étrangers (différence qui serait facilement nivelée par la plus
grande perfection de nos produits), notre industrie acquerrait un immense développement.

Sous le régime actuel, les fluctuations de prix sont très-considérables : la filature gagne quelquefois 30 p. 0/0 et plus, pour retomber ensuite beaucoup trop bas. Ces fluctuations, si nuisibles à l'industrie et au commerce en général, ne permettent pas des relations suivies avec le dehors. On nous fait payer des droits d'entrée sur les matières tinctoriales qui n'ont pas leur similaire en France, et on ne nous les rembourse pas à la sortie. On nous force à acheter nos cotons au Havre souvent à 10 et 15 p. 0/0 plus cher qu'à Liverpool. Cette position est intolérable, et un système moins restrictif peut seul l'améliorer. La France y gagnerait; car l'exportation des toiles peintes a cela d'avantageux qu'elle alimente à la fois la filature, le tissage, la fabrication des produits chimiques, la culture si importante de la garance et celle d'autres produits du sol. Sur une exportation de 100 millions, 20 millions à peine seraient dépensés pour l'achat du coton et des matières tinctoriales exotiques.

On nous accuse de ne voir que l'intérêt de la fabrication des toiles peintes ! Mais si après avoir nivelé la différence des conditions de production, vous accordez encore au filateur 10 p. 0/0 de protection et davantage au tisseur, ne protégez-vous pas suffisamment ces deux industries ? Une exportation de toiles peintes plus considérable n'augmentera-t-elle pas aussi la production en France des filés, des tissus, et de tout ce qui sert à la fabrication des tissus imprimés ? Les filés et les tissus étrangers n'arriveraient sur nos marchés que par de petites quantités et dans les moments de grande prospérité seulement. Je ne veux pas empêcher qu'on file et qu'on tisse en France : bien au contraire, je veux qu'on file et qu'on tisse davantage, qu'au lieu de continuer à ne consommer que 300,000 balles de coton, comme nous le faisons depuis près de dix ans, nous en consommions beaucoup plus. Si je me suis trompé dans mes calculs, on établira un droit de 18 à 20 p. 0/0 pour les filés. Ce que je veux, c'est une protection réelle de 10 p. 0/0, mais 10 p. 0/0 seulement pour les filés qui servent de matière première à tant d'industries.

L'Angleterre, avec son immense production, arrête une partie de son travail lorsque les débouchés manquent ; c'est le seul moyen de relever les prix et d'empêcher les trop grands encombrements. Notre marché ne sera donc, dans les temps de crise, pas plus écrasé par la concurrence étrangère que les marchés de la Belgique et de l'Allemagne, de l'Allemagne qui n'est protégée que par un droit équivalant à peine à 5 p. 0/0 pour les filés.

Nous souffrirons bien moins que la Suisse, qui n'est protégée que par un droit insignifiant établi depuis peu et dont l'industrie, quoi qu'en dise M. Thiers, est en progrès constant.

La Suisse et l'Allemagne continuent à faire construire beaucoup de machines en Alsace, et n'ont par conséquent, sur nos filatures hydrauliques, d'autre avantage que celui qui peut résulter de la différence de la main-d'œuvre, encore est-il peu considérable, et est-il perdu en partie par un plus grand éloignement des ports de mer. S'il fallait une autre preuve qu'une invasion considérable de produits anglais n'est pas à craindre avec le droit que je propose, je répéterais qu'en Algérie, où depuis plusieurs années les tissus les plus ordinaires, écrus ou blancs, sont admis avec un droit de 85 c. le kilog., soit 93 c. 1/2 avec le décime, il n'entre pas de marchandises anglaises. Ce droit, pendant toute l'année dernière, équivalait à 19 p. 0/0. N'est-il pas de la dernière évidence que ce droit serait parfaitement suffisant pour la France, puisqu'en Algérie la marchandise française alimente seule le marché, sous la protection d'un droit de 93 c. 1/2 le kilogr. pour les marchandises les plus communes, alors que les Anglais peuvent faire leurs transports à moins de frais que nous?

M. Thiers, afin de mieux faire comprendre le rôle que l'Angleterre jouerait vis-à-vis de la France dans les moments de crise, si la prohibition venait à être abrogée, a raconté à l'Assemblée Nationale comment en 1847 et 1848 nous avions écrasé la Suisse et l'Allemagne de nos tissus d'Alsace, dont nous ne savions que faire.

Je ne sache pas qu'il ait été exporté une seule pièce de *tissus* écrus ou blancs en Allemagne en 1847 et 1848, et quant à la Suisse, elle en a reçu des quantités peu considérables. Dans les moments où les prix ont été avilis, les filateurs de Mulhouse ont bien fait quelques sacrifices pour déverser sur l'étranger une très-faible partie de leur production; mais ces exportations n'ont jamais acquis une importance qui fût de nature à jeter la perturbation chez nos voisins ; leurs inventaires en font foi. Je remarque que dès 1845 et 1846, la douane de Mulhouse enregistrait une exportation annuelle de 400 à 450,000 kil. de filés ; ces exportations ont pu augmenter, mais jamais elles n'ont eu l'effet exagéré qu'on leur attribue ; en pareil cas l'exagération est bien près de l'inexactitude.

Ma maison file et tisse la plus grande partie des produits employés par sa manufacture de toiles peintes : les établissements les plus considérables d'Alsace sont dans le même cas ; on ne peut donc pas leur reprocher de demander une réforme dans l'intérêt de la fabrique des toiles peintes seulement. Ces maisons, sous la législation actuelle, ont beaucoup moins de concurrence pour le placement de leurs produits à l'étranger qu'elles n'en auraient plus tard si, par des prix moins élevés, et surtout par des fluctuations de prix moins fortes, elles habituaient davantage l'acheteur étranger à nos produits et l'attiraient constamment sur nos marchés ; elles voient dans les changements qu'elle demande l'agrandissement de notre industrie et une plus grande prospérité pour le pays.

Nous ne pouvons voir avec indifférence les Anglais inonder le monde entier de produits manufacturés dont dont nous fournissons les dessins et les couleurs, alors que nous avons la conviction la plus profonde que nous arriverons à avoir une part de plus en plus considérable dans ces immenses débouchés.

Je termine, Monsieur le Rédacteur, ma lettre déjà trop longue. Le pays ne peut rester toujours indifférent à des plaintes aussi fondées, et le gouvernement reconnaîtra prochainement, je l'espère, qu'entre des réformes trop radi-

cales et le refus de toute concession de la part des partisans de la prohibition, il y a place pour une initiative sage
et éclairée, propre à améliorer les conditions du travail en
France. J'appelle de tous mes vœux ces changements, dans
l'intérêt du pays.

Recevez, Monsieur le Rédacteur, l'assurance de ma considération la plus distinguée.

JEAN DOLLFUS.

Mulhouse, le 2 Septembre 1851.

MONSIEUR,

L'honorable M. Thiers a ajouté, à l'impression des re-
marquables discours qu'il a prononcés à l'Assemblée Nationale, les 27 et 28 juin derniers, une préface dans laquelle
il relève quelques-unes de mes observations touchant l'industrie cotonnière, et maintient tout ce qu'il a dit dans ses
discours comme exact, vrai de tous points, et fondé sur la
scrupuleuse observation des faits.

Je dois une réponse à cette publication; elle a été retardée
par un voyage, que je viens de faire en Belgique et en Angleterre, où j'ai pu, en visitant un grand nombre d'établissements, comparer de nouveau la position de l'industrie de
ces pays avec la nôtre.

J'ai acquis encore une fois la preuve certaine que le
système si restrictif qu'on continue à prôner, comme le seul
capable de faire la prospérité de la France, a été le principal obstacle au plus grand développement de la fabrication
des articles de coton, depuis les dix dernières années surtout, et qu'il ne dépendrait que de nous d'être placés dans

des conditions de travail infiniment meilleures, de pouvoir produire et vendre à de plus bas prix, de rendre par conséquent la vie à meilleur marché, d'augmenter la consommation, et, par suite, le travail.

J'avais établi que nous ne différions pas sensiblement de l'Angleterre pour les prix auxquels nous fabriquions en France les filés de coton, matière première de tant d'industries diverses. J'arrive de 5 à 6 p. O/O, mes contradicteurs à 30 p. O/O, le comité central pour la défense du travail national même à 40 p. O/O.

Je suis obligé de revenir sur les calculs qui ont été établis ; il me sera facile de prouver que mes chiffres ont raison.

Sans doute, si nous avions un désavantage de 30 à 40 p. O/O, désavantage qu'il ne dépendrait pas de nous de faire disparaître, nous serions condamnés, pour maintenir en activité nos filatures et nos tissages, à ne jamais renoncer à la prohibition.

Les partisans de la prohibition savent parfaitement que dès qu'il sera établi que le prix de revient français ne diffère que peu du prix de revient anglais, il n'y aura plus la moindre chance pour eux de maintenir un système qui nous a été utile, mais qui certainement aujourd'hui, avec les progrès qui ont été réalisés, nous est plus nuisible qu'avantageux.

Voici les divers comptes qui ont été faits :

Filature de coton de 20,000 broches.

	M. Dollfus.	L'associaton pour la défense du travail national.	M. Thiers.
Art. 1. Intérêt et amortissement du matériel.	15,000 fr.	37,700 fr.	30,000 fr.
— 2. Entretien du matériel.	»	10,000	»
— 3. Combustible.	19,400	30,000	20,000
— 4. Fret.	»	27,000	27,000
— 5. Transport à l'usine.	»	25,000	25,000
— 6. Main-d'œuvre.	»	45,000	45,000
— 7. Taux de l'intérêt de l'argent.	12,000	24,000	24,000
— 8. Droit du coton.	»	66,000	66,000
— 9. Frais et pertes divers.	»	31,300	13,000
Excédant de frais au détriment de la filature française.	46,400 fr.	296,000 fr.	250,000 f.
Evaluation du produit.	840,000	700,000	800,000
Surcharge proportionnelle.	5 1/2 0/0	40 0/0	30 0/0

Article 1er *Intérêt et amortissement du matériel.*

Il existe, comme on le voit, une différence de 15,000 f. selon M. Thiers, et de 22,700 fr, d'après le comité pour la défense du travail national.

J'avais établi qu'une filature de 20,000 broches filant des numéros pour calicot coûtait 150,000 fr. de plus en France qu'en Angleterre. Je possède des devis qui m'ont été remis par le président de la chambre de commerce de Manchester, un autre par MM. Hibbert-Platt et Cᵉ, qui ont une grande réputation pour la construction des machines de filatures.

Le premier de ces devis est pour un établissement complet, avec bâtiments et terrains, et arrive à 30,660 l. st., soit 766,500 fr. pour 22,800 broches, ou 53 fr. 75 c. par broche. Les terrains et bâtiments sont compris dans ce prix pour 12 fr. environ la broche.

Le second indique le prix de la broche, sans bâtiment ni terrains, à 23 fr. 65 c. ; dans ce devis, le moteur et la transmission sont évalués d'après les prix actuels de MM. John et Ed. Hall, à Dartford.

Deux devis de constructeurs français portent la broche sans bâtiments ni terrains, l'un à 19 fr. 19 c., l'autre à 22 fr. 28 c.

Moyenne   20 fr. 73 c. 1/2

Il doit y être ajouté :

1° Pour moteur à la vapeur et transmission   5   55

2° Pour accessoires, tels qu'appareils de chauffage à la vapeur, éclairage au gaz, garnitures de cardes, bobines, courroies, etc., etc.   3   »

Total   29 fr. 08 c. 1/2

Les devis mentionnés, tant anglais que français, sont
établis pour des métiers de 600 broches à renvideurs mécaniques; sans renvideurs il y aurait en France 2 fr. à
déduire par broche. Les bâtiments et terrains sont beaucoup moins chers chez nous qu'en Angleterre, en Alsace
surtout; on ne paierait à Mulhouse qu'environ 7 fr. pour
cette dépense.

Nous aurions donc à Mulhouse un établissement complet pour 36 fr. 8 c. 1/2 la broche avec métiers renvideurs, ou 34 fr. 8 c. 1/2 la broche sans métiers renvideurs; à Manchester, 33 fr. 75 c. la broche avec renvideurs, d'après le devis le plus bas.

Il est vrai que nos établissements ne sont pas à l'abri du
feu, comme les filatures anglaises, mais comme nous ne
payons que 3/5 p. C/0 de prime, tandis que les Anglais
en paient 1 1/4 pour 0/0, je n'ai rien à porter en compte
pour cet objet.

La différence pour 20,000 broches n'est donc que de
45,000 fr., et j'en ai porté 150,000 en compte! Le comité pour la défense du travail national a été jusqu'à
290,000 fr. pour la différence du coût d'une filature de
20,000 broches! Dans le même article, on veut calculer
le dégrèvement annuel à 8 p. 0/0, alors que j'en ai indiqué cinq comme parfaitement suffisants.

Un dégrèvement de 8 p. 0/0, pris sur le capital primi-
tif, réduirait à zéro tous les déboursés au bout de douze
années et demie. Il y a là une exagération évidente.

On ne doit même pas compter les 5 p. 0/0 que j'ai indiqués, parce que la valeur d'une filature ne diminue pas de moitié au bout de dix ans ; construite dans les meilleures conditions, aujourd'hui qu'on a réalisé tant de progrès, il n'y aura que peu de frais à faire pour la maintenir en bon état. J'ai porté 15,000 fr. en ligne de compte pour intérêts et dégrèvement de 10 p. 0/0 sur un excédant de revient de 150,000 fr., et je les maintiens quoique je devrais réduire les 15,000 fr. à 4,500, la différence n'étant réellement que 45,000 fr. et non de 150,000 fr.

Article 2. *Entretien du matériel.*

Je suis ici d'abord avec M. Thiers, qui n'a rien porté en compte ; le comité a mis 10,000 fr. Les grandes réparations ou plutôt les machines nouvelles que rendent nécessaires les progrès de l'industrie, progrès, du reste, toujours plus difficiles à réaliser à mesure qu'on avance vers la perfection, sont payées par le dégrèvement ; les petites réparations consistent essentiellement en main-d'œuvre ; elle coûte moins chez nous et compense suffisamment la différence du prix des matières employées à ces petites réparations.

Article 3. *Combustible.*

Ici il y a erreur. Le chiffre de M. Thiers et le mien doivent être redressés : j'avais calculé la houille à 50 c. les 50 kilogr. à Manchester ; elle ne se paie en moyenne que 35 c. J'ai compté un emploi de 18,000 quintaux, c'est donc, à 15 c. par quintal : 2,700 fr. à ajouter et

20 p. 0/0 de plus pour les déboursés de l'éclairage et du chauffage, soit 1,000 fr., et en tout 3,800 fr.

Cette rectification n'ajoute pas 1/2 p. 0/0 à mon prix de revient.

Article 4. *Fret.*

Je n'ai rien porté en compte pour différence de fret, parce que le transport des cotons de la Nouvelle-Orléans au Hâvre ne coûte pas plus cher que celui des ports américains à Liverpool.

Voici le tableau des frets comparatifs des deux dernières années :

FRET DE LA NOUVELLE-ORLÉANS A LIVERPOOL ET AU HAVRE.

	1849.		1850.		1851.	
	Hâvre. Cents.	Liverpool. Deniers.	Hâvre. Cents.	Liverpool. Deniers.	Hâvre. Cents.	Liverpool. Deniers.
Janvier.	7|8	7|16	13|16	13|32	7|8	13|32
Février.	13|16	1|2	7|8	3|8	1	1|2
Mars.	1 à 1 1|4	9|16	7|8	5|16	1 1|2	3|4
Avril.	7|8	5|8	7|8 à 13|16	1|4	1	3|8
Mai.	7|8	3|8	1|2 à 5|8	3|16	1	1|2
Juin.	9|16 à 5|8	1|4	2 dollars par balle.	3|16	1	7|16
Juillet.	5|8	3|8	1|2	7|16	7|8	3|8
Août.	3|4	—	1|2	11|32		
Septembre.	1	—	7|8	11|32		
Octobre.	1	7|16	7|8	13|32		
Novembre.	13|16	3|8	3|4	3|8		
Décembre.	13|16	3|8	7|8	7|16		

Ces frêts pour le Havre sont calculés en cents et ceux pour Liverpool en deniers.

Les prix, comme on le voit, se nivellent ; la moyenne pur le Hàvre est 13/16 cents et 6 1/3 16 deniers pour Liverpool. Dans un tableau envoyé par la chambre de commerce du Hàvre à celle de Mulhouse, le 15 mars 1849, pour cinq années, la moyenne, loin d'être au détriment de la filature française, est à son avantage, et on a prétendu qu'il y avait, pour le fret de 1,500 balles seulement, une différence de 27,000 fr.

Il faut, pour filer 250,000 kilog., 1,500 balles de coton, et le fret *entier* de ces cotons ne dépasse souvent pas cette somme. Si on a voulu ajouter à cette prétendue différence de fret ce que nous payons habituellement le coton de plus en France qu'en Angleterre, je conviens qu'il peut y avoir assez fréquemment un grand désavantage pour nous ; mais ce désavantage disparaîtra nécessairement par l'adoption d'un système plus libéral. Je doute même que nous puissions rester longtemps encore dans la position actuelle. Jusqu'ici, quand le Havre vendait beaucoup plus cher que Liverpool, la réaction était produite par de plus nombreux envois dirigés de préférence sur ce point ; la baisse qui en était la suite faisant souvent compensation.

Mais aujourd'hui il n'en est pas ainsi : l'Angleterre vient prendre nos cotons au Havre dès que nous sommes à 3 ou 4 p. 0/0 au-dessous de ses cours ; nous n'avons donc plus que les hauts prix, et jamais les bas prix, qui pourraient faire compensation.

Article 5. *Transport à l'usine.*

J'ai déjà dit que si nous devions faire venir des filés anglais, leurs transport nous coûterait plus que celui du coton; encore 25,000 fr. à rayer. Le désavantage du transport élevé n'est pas à porter en compte, puisqu'il s'agit, pour les filés qui ne s'exportent pas, d'une lutte sur les marchés français seulement.

Article 6. *Main-d'œuvre.*

J'ai expliqué, dans le Mémoire que j'ai soumis à la Société industrielle de Mulhouse, les raisons qui m'ont engagé à ne pas tirer avantage de la différence du prix de main-d'œuvre qui existe actuellement entre la France et l'Angleterre. Je voudrais que nous puissions arriver successivement par plus de travail à faire disparaître cette grande différence qui existe entre les salaires des deux pays, et qui fait que nous restons en France de si pauvres consommateurs. L'ouvrier anglais gagne généralement le double de ce que gagne l'ouvrier français. Malgré cela, il faut reconnaître que dans les établissements qui font des filés pour calicot la main-d'œuvre au kilogramme est moindre que chez nous, grâce à l'introduction à peu près générale du métier renvideur ; cette différence peut, dans certains cas, être de 5, de 10 et même de 15 c. par kilogramme ; elle peut produire une somme qui approche de celle portée ici en compte.

Mais il y a en France, en Normandie surtout, des métiers d'après le système anglais, et nous pourrions les
adopter tous avec une dépense plus ou moins considérable.
Il en résulterait que loin d'avoir à porter 30 ou 40,000 fr.
au débit de cet article, chiffre du reste exagéré pour la
plupart de nos établissements, nous n'aurions plus que la
moitié de la main-d'œuvre anglaise à payer, et les déboursés que nous aurions à faire, y compris ceux d'une
augmentation de force motrice, seraient promptement
payés par cette économie.

Si nous ne réalisons pas cette amélioration, ce n'est pas
parce que les capitaux manquent à nos filatures, mais
parce que nous gagnons encore de l'argent, même avec
de mauvaises machines abandonnées depuis longtemps là
où la concurrence est plus active, plus stimulée.

Art. 7. *Taux de l'intérêt de l'argent.*

J'ai compté 1 p. 0/0 de différence à notre défaveur. On
veut que ce soit 2 p 0/0, à cause de la différence du cours
des fonds publics entre les deux pays; mais le cours des
fonds publics n'a rien à faire ici; je me suis convaincu
qu'il n'y a même pas la différence que j'ai indiquée. En
effet, les comptes-courants, en Angleterre, se chiffrent à
5 p. 0/0; les fonds des associés et des commanditaires
portent intérêt à 5 p. 0/0; l'intérêt des capitaux empruntés
est généralement de 4 à 4 1/2, parfois de 5, et si l'on

trouve à négocier les valeurs à un taux souvent moindre qu'en France, il n'en résulte pas, pour la généralité de l'argent employé dans l'industrie, la différence que j'ai signalée.

Art. 8. *Droit du coton.*

Quant au droit sur le coton, il serait nécessairement supprimé. Le dégrèvement complet des matières premières exotiques est indispensable si nous devons être placés dans de bonnes conditions de production, et devrait précéder, comme dans les pays qui ont renoncé à la prohibition, l'établissement d'un système nouveau. Ce droit est aujourd'hui exorbitant et a déjà donné lieu à de nombreuses réclamations ; quand il a été établi en 1816, le coton valait le double de ce qu'il vaut maintenant : de 10 p. 0/0 il est donc monté à 20 p. 0/0 ; et pourquoi le coton qui est le vêtement de la classe la moins aisée paie-t-il 20 p. 0/0, alors que la soie ne paie rien ? N'aurait-on pas dû depuis longtemps songer à un dégrèvement ?

Art. 9. *Frais et pertes diverses* pour lesquelles M. Thiers porte 15,000 fr. en compte.

Je n'en trouve nulle part la justification ; c'est, dans tous les cas, un chiffre bien élastique et bien contestable, et je ne crois pas devoir m'y arrêter. Je reconnais toutefois qu'on pourrait admettre quelque chose pour le désavantage qu'ont nos établissements de n'être généralement pas aussi importants qu'en Angleterre, de ne pouvoir filer constamment les mêmes numéros, etc. ; mais il y a compensation chez nous par beaucoup de frais qui sont moindres : l'assurance pour filatures en Alsace n'est que de 4 à 6 p. 0/0 ; elle se paie de 10 à 12 en Angleterre, nos frais de gestion sont moins élevés ; nous travaillons douze heures au lieu de dix, etc. Si l'on était à même d'établir un décompte rigoureux, je ne sais si le chiffre indiqué ci-dessus ne disparaîtrait pas complétement.

Ce n'est donc pas encore une fois, 30 à 40 p. 0/0, mais 6 p. 0/0 au plus qu'il faut compter, et moins encore, pour les filatures qui travaillent avec des renvideurs mécaniques ou à l'eau. Si l'on arrive plus haut, c'est que l'on porte en compte les droits d'entrée, les transports, le haut prix payé pour les cotons qu'on nous force à acheter aujourd'hui dans les ports français. J'ai indiqué pourquoi je n'ai pas cru devoir les comprendre dans mes calculs.

Je prétends même qu'en établissant le compte d'une filature nouvelle, créée en Alsace sur le système actuel anglais, et travaillant douze heures par jour au lieu de dix, comme on le fait en Angleterre, on obtiendrait la façon d'un kilogramme de filés au même prix qu'à Manchester.

Maintenant je le demande à tout homme impartial, n'ai-je pas eu raison de m'élever contre les chiffres qui ont été mis en avant? Ne devais-je pas trouver au moins extraordinaire, alors que toute la façon d'un kilogramme de coton pour calicot, perte sur le déchet comprise, ne coûte généralement que 1 fr. 10 c. en France, soit 275,000 fr. pour 250,000 kilogr., qu'on ait osé dire que pour produire 250,000 kilogrammes nous déboursions 250,000 fr. de plus que les Anglais !

Passons maintenant en revue quelques-uns des faits avancés par M. Thiers.

Il dit que je suis seul de mon opinion, que mon frère même, M. Emile Dollfus, est contre moi, et qu'il trouve parfaitement exacts, les 30 p. 0/0 de différence de conditions. Je regrette beaucoup que son nom ait été cité ici ; cela m'oblige à dire que M. Emile Dollfus est le seul de ses trois frères qui ne partage pas ma manière de voir, ce qui est bien différent du fait mis ici à la charge de l'opinion que je défends.

En parlant de l'augmentation de consommation du coton en France, on a dit qu'elle avait doublé depuis dix ans ; j'ai prétendu, au contraire, que la production de l'industrie cotonnière continuait à rester à peu près stationnaire. Nos exportations grandissent, mais à l'intérieur notre consommation, au lieu d'augmenter, diminue, si l'on tient compte de l'accroissement de la population et de ce qui a été exporté. C'est un fait très-grave, que je livre à la méditation de nos hommes d'Etat et de toutes les personnes qui désirent sincèrement la prospérité de leur pays. J'ai demandé à la direction des douanes les poids des cotons présentés à l'acquittement, à dix années d'intervalle ; le voici :

En 1840, 52 millions 941,581 kilogramme.; en 1841, 55 millions 870,483 kilogr.; — Moyenne, 54 millions 406,032 kilogr.

En 1849, 64 millions 164,486 kilogr., en 1850, 59 millions 466,537 kilog. — Moyenne, 61 millions 815,411 kilogr.

L'augmentation pour dix ans est de 7 millions 409,379 kilogr., soit 13 1/2 p. 0/0 et non de 100 p. 0/0. Les arguments à tirer de ce fait viennent en opposition complète à ceux qu'a fait valoir mon honorable contradicteur.

On a dit que la filature en Suisse ne prospérait pas : le fait est aussi inexact que celui que je viens de relever. Une maison suisse des plus honorables a bien voulu me donner quelques renseignements sur la position des filatures dans son pays; ils confirment ce que nous savions déjà en Alsace, c'est que la filature du coton est avec la soierie l'industrie qui y donne les meilleurs résultats.

Voici les rendements, année par année, depuis dix ans, d'une filature de 25,000 broches, et qui file les numéros mi-fins. Cette filature est munie de machines françaises et a un moteur hydraulique :

1839	144,000
1840	70,000
1841 . . . . :	102,000
1842.	168,000
1843.	101,800
1844.	140,000
1845.	276,000
1846.	300,000
1847.	88,000
1848.	60,000

Total . . . . 1,449,800, soit en moyenne, par an, 145,000.

On voit que, malgré la crise de 1848, le résultat pour cette année a encore été favorable et que les crises anglaises seraient beaucoup moins redoutables qu'on nous les représente.

Un autre filateur qui débuta en 1821 avec 8,000 broches et qui est successivement arrivé à 125,000 broches disséminées dans quatre ou cinq établissements produisant tous les numéros, est arrivé à une fortune immense qu'on évalue de 7 à 8 millions de francs, sans avoir jamais fait de spéculations ni sur le coton ni en dehors de son commerce!

On peut dire que la Suisse, ouverte de toute part à l'industrie étrangère, obligée avec sa grande production (elle a aujourd'hui 600,000 broches, et consomme 35 à

40,000 balles de coton), obligée, dis-je, de chercher presque tous ses débouchés à l'étranger, nous prouve suffisamment qu'on peut prospérer sans la prohibition.

Le Zollvérien augmente ses filatures, et si ce n'est pas à Elberfeld, c'est dans la Bavière, la Saxe et le grand-duché de Bade surtout; il y a trois ans à peine qu'une filature très-considérable vient d'y être établie avec des machines construites en Alsace, et réalise de beaux bénéfices malgré un droit d'entrée bien modéré.

Maintenant que j'ai de nouveau démontré qu'avec un droit de 15 p. 0/0 nos filés ne seraient exposés à la concurrence étrangère que dans des années où nos prix tendraient à augmenter considérablement, je dois faire ressortir les avantages qui en résulteraient pour le pays et pour l'industrie cotonnière en général.

J'ai déjà dit que nous ne suivions pas suffisamment les progrès réalisés en Angleterre. On a commencé il y a une dizaine d'années à y remplacer les anciens métiers à filer par des machines qui renvident sans le secours de l'ouvrier; aujourd'hui, pour certains numéros, il n'en existe plus d'autres; chacun s'est vu obligé de suivre le progrès.

Chez nous on gagne encore de l'argent avec des machines fort anciennes, et le dégrèvement, au moins dans la filature de coton, ne serait guère nécessaire, car il n'est généralement pas employé à améliorer les métiers.

Pourquoi le progrès réalisé en Angleterre n'est-il pas devenu obligatoire en France? Parce que chacun reste dans la même voie; on continue de cette manière à faire des filés que l'on pourrait fabriquer beaucoup moins cher à l'aide de quelques dépenses.

Ma maison a une filature de 25,000 broches, dont 20,000 pour calicot; elle pourrait, en remplaçant ses métiers, dont une partie date de près de quarante ans, filer le kilogramme à 20 centimes meilleur marché qu'aujourd'hui; mais la concurrence intérieure n'est pas assez puissante pour l'y contraindre.

Cet exemple n'est-il pas assez concluant? Qui est-ce qui paie les 20 cent.? Le consommateur, le pays. Le comité pour la défense du travail national a pensé qu'il ne fallait pas changer nos métiers parce que beaucoup de fileurs se trouveraient sans ouvrage; mais pouvons-nous impunément résister ainsi au progrès? à ce compte, nous reviendrions au rouet et nous aurions à déplorer tous les progrès mécaniques réalisés depuis cinquante ans. Si la filature peut produire plus économiquement, la consommation augmentera; il se vendra plus de cotonnades; on construira plus de machines et il y aura plus de travail.

Aujourd'hui, il faut bien le dire, le tissage en France est sacrifié au profit de la filature, en Alsace surtout, où depuis bien des années il en est ainsi. C'est au point qu'on y fait venir des filés de Rouen pour les convertir en calicots qui sont renvoyés en Normandie. Le tissage travaille à des prix fabuleux, et ne fait pas ses frais depuis longtemps. Il y a dans les départements de l'Est des milliers de tisserands sans ouvrage et qui seraient satisfaits de gagner 75 c. par jour. L'exportation des jaconas et des mousselines imprimées, des tissus de Tarare, de Sainte-Marie, des broderies, des tulles, augmenterait considérablement, si leurs matières premières, si les filés étaient à plus bas prix : il y aurait alors abondance de travail pour tous.

Chaque pays a une spécialité dans laquelle il excelle. Le goût français nous sert merveilleusement à exporter nos filés et nos calicots sous la forme d'impressions et de tissus teints et façonnés. Nous pouvons bien les vendre 5 p. 0/0, 10 p. 0/0 plus cher, grâce à nos beaux dessins, à nos couleurs, et parce que c'est Paris qui donne le ton pour le monde entier quand il s'agit d'étoffes pour robes.

Mais nous ne pouvons vendre 20 ou 30 p. 0/0 plus cher, et cependant les hauts prix des filés nous y obligent parfois. Ces prix exagérés ne seraient plus possibles, ou possibles seulement dans les moments où nos concurrents étrangers les élèveraient aussi.

On comprend très-bien que si tous les tissus qui ont pour matière première les filés de coton pouvaient prendre leur essor à l'étranger, grâce au goût qui les caractérise, le travail prendrait un grand développement. Les filatures seraient forcées de suivre plus promtement toutes les améliorations ; leur prospérité continuerait ; leurs bénéfices, il est vrai, seraient moins considérables dans certains moments, mais plus stables, plus réguliers.

Celui qui fabrique une matière demi-ouvrée, matière première pour d'autres industries, pour la production de laquelle les capitaux plus que toute autre chose sont aujourd'hui nécessaires, a le droit de compter sur des bénéfices, mais sur des bénéfices modérés et réguliers.

Il n'en est pas de la filature du coton, de la filature de la laine, comme de la haute nouveauté en soieries, en laines, en toiles peintes, où les chances de bénéfices et de pertes seront toujours considérables, par suite de la difficulté de bien saisir le goût et d'arriver à la perfection.

Toutes nos grandes industries des tissus participeraient aussi bien que le coton aux avantages d'une modification douanière.

La laine a fait de grands progrès en étoffes, nouveautés surtout ; nous avons des fabricants qui n'ont pas de rivaux. On n'a que trop longtemps attendu pour mettre un terme au déplorable régime qu'on s'obstine à vouloir maintenir, et qui nous oblige à rester dans les mêmes limites lorsque nous aurions tous les moyens d'en sortir.

Une augmentation de travail, la vie à bon marché, sont nos premiers besoins en France ; sans ces éléments, pas de tranquillité, pas de bien-être; le maintien du *statu quo* ne nous les fera pas obtenir.

On dit que ma maison, en prêchant un régime plus modéré, veut priver la filature et le tissage de travail, et qu'il lui plairait fort de n'employer que des toiles anglaises...

Je réponds à ce reproche, que M. Thiers n'aurait pas dû lui adresser, que les efforts tentés par elle depuis cinquante ans, que ses succès au-delà de nos frontières, souvent obtenus à l'aide de sacrifices, sont là pour témoigner suffisamment que donner du travail aux ouvriers n'a pas été une de ses moindres préoccupations.

On peut ne pas partager ma manière de voir et penser qu'un système vaut mieux qu'un autre; mais qu'on ne me fasse pas l'injure de croire que dans l'appréciation que je porte de notre système douanier j'ai un autre mobile que celui de l'intérêt général.

JEAN DOLLFUS.

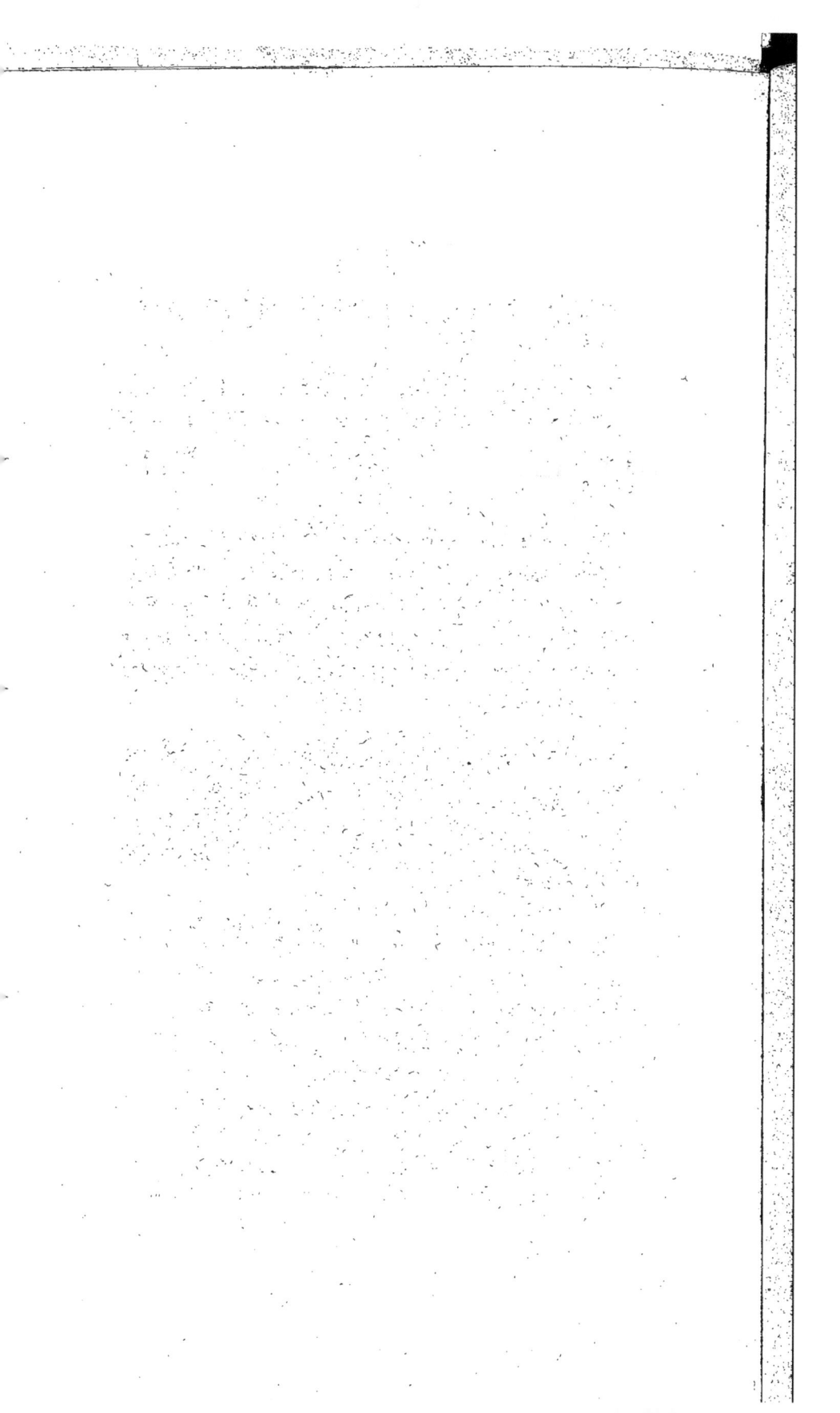

N° 6.

DÉLIBÉRATION DE LA SOCIÉTÉ INDUSTRIELLE DE MULHOUSE.

La Société industrielle de Mulhouse, dans sa séance extraordinaire du 19 janvier 1853, a été appelée à se prononcer sur une proposition relative à une réforme douanière.

Après avoir entendu la lecture du rapport de la Commission qu'elle avait chargée d'en faire l'examen, après une réplique et à la suite d'une discussion vive et prolongée, la Société, animée d'ailleurs du désir de prévenir les divisions qui se manifestaient dans son sein, s'est prononcée à une grande majorité pour l'ordre du jour suivant que lui proposait son honorable vice-président, M. le docteur Penot :

« La Société industrielle considérant :

« Que la proposition de M. Jean Dollfus, relative à un remaniement du tarif des douanes, ne pourrait être convenablement débattue qu'en présence des représentants de toutes les industries que ce remaniement devra atteindre ;

« Que la Société ne compte pas dans son sein des représentants de toutes ces industries ;

« Que, même en la réduisant à ce qui touche le coton, la question ne lui semble pas avoir été suffisamment éclaircie par le travail de la Commission ;

Sans se prononcer sur le fond,

Passe à l'ordre du jour sur la proposition de M. Jean Dollfus.

La Commission de la société industrielle de Mulhousse chargée de l'examen de la proposition de M. Dollfus était composée de 27 membres dont 13 ont voté pour la levée de la prohibition.

Voici les noms des 27 membres :

MM. J. *Kœchlin-Schlumberger*, maire, **président**.
    Engel-Dollfus, filateur, tisseur, imprimeur, secrétaire.
    Jean Dollfus père, filateur, tisseur, imprimeur.
    Emile Dollfus, président de la Société industrielle.
    Jacques Gros, filateur, tisseur et imprimeur.
    Hartmann-Liebach, filateur de laine.
    Henri Hartmann père, filat., tisseur et imprim.
    Huguenin-Cornetz, constructeur de machines.
    Ch. Kestner, fabricant de produits chimiques.
    Emile Kœchlin, filateur.

D. *Kœchlin-Schouch*, imprimeur.

Ferd. Kœchlin père, négociant.

N. Kœchlin fils, constructeur de machines.

J. Mantz, rentier.

Math. de G. Mieg, filateur de laine cardée et fabricant de drap.

Ch. Nœgely fils, filateur.

Oswald-Linder, commissionnaire de roulage.

Georges Risler, filateur et tisseur.

G. Scheidecker, filateur et tisseur.

Scheurer-Rott, imprimeur.

N. Schlumberger père, filateur et constructeur de machines.

J. Alb. Schlumberger, filateur et tisseur.

G. Steinbach, filateur et imprimeur.

H. Schwartz, filateur de laine.

Weiss-Schlumberger, filateur.

Jean Zuber père, ancien fabricant de papiers peints.

J. Zuber fils, fabricant de papiers blancs et peints.

Les membres qui ont voté pour la levée de la prohibition sont :

MM.   *J. Kœchlin Schlumberger*, maire,

Engel Dollfus,

Jean Dollfus père,

Henri Hartmann père,

Hugnenin Cornetz ,
Ch. Kestner ,
D. Kœchlin Schouch
N. Kœchlin fils ,
J. Mantz ,
Oswald-Linder ,
Scheurer-Rott ,
G. Steinbach ,
Jean Zuber père ,
Jean Zuber fils.

N° 7.

Exposé des motifs de l'Ordonnance du 2 juin 1834, qui lève la prohibition sur les fils à tulle (M. Duchâtel, ministre du commerce).

« Ce changement (la levée de la prohibition), dont les
» chambres viennent de consacrer le principe par leurs
» suffrages, est un véritable progrès. La conversion de
» certaines prohibitions en droits, sans enlever aux inté-
» rêts existants la protection qu'il est convenable de leur
» accorder, procure au commerce des facilités nouvelles ;
» *elle remplacera l'immorale indusrie de la contrebande*
» *par des achats réguliers.* Elle ouvrira au trésor une
» source de nouveaux revenus, sans aucun sacrifice pour
» le contribuable, enfin, elle aura pour effet de multiplier
» nos rapports d'échange avec les autres peuples et de leur
» montrer que la France, pour étendre ses relations de
» commerce, est disposée à apporter dans ses lois, les
» modifications avouées par la prudence et compatibles
» avec tous les ménagements dus à tous les intérêts : un
» exemple récent, et que je suis heureux de pouvoir citer
» à Votre Majesté, prouve souvent combien sont exagé-

» rées les craintes de ceux qui s'étonnent qu'une prohibi-
» tion soit remplacée par un droit. »

« Une ordonnance royale a permis l'an dernier l'expor-
» tation des soies françaises, moyennant une taxe à la
» sortie. Peu de questions étaient entourées d'aussi vives
» préventions. On avait longtemps attaché à la possession
» exclusive des soies indigènes la prospérité de nos fabri-
» ques.

» Depuis une année, la sortie de ces riches matières est
» autorisée et l'expérience a justifié le nouveau système.
» Il a produit les meilleurs effets. Le commerce de Lyon
» s'en applaudit et réclame avec instance le maintien de
» l'ordonnance du 20 juin 1835.

» Le conseil supérieur du commerce a été d'avis de
» fixer le droit à 7 fr. par kil. pour les cotons simples, et
» à 8 fr. pour les retors. Ce droit avait déjà été adopté
» par la commission de la chambre des Députés chargée
» du projet de loi sur les douanes ; j'espère que la levée
» de la prohibition avec le droit proposé arrêtera la con-
» trebande ; si elle persistait après ce premier essai, il
» serait facile et convenable de réduire le droit. »

*Discours de M. Gréterin à la séance de la chambre des
députés du 18 avril 1836.*

La levée de la prohibition a eu son effet à partir de
septembre 1834. Pendant les quatre premier mois de
1834, il a été importé 22,000 kilog. de coton filé retors,
et 9,600 de coton filé simple.

Pendant 1835 il a été importé 62,363 kilog. de coton filé retors et 21,346 filé simple, pour les trois premiers mois de 1836, il a été importé 20,000 kilog. retors et 4,400 filé simple. En 1835, le trésor a perçu pour les quantités indiquées près de 800,000 fr. de droits. Si les importations de 1836 continuent dans la proportion du premier semestre, la somme perçue par le trésor s'élèvera à un million. A l'époque que rappelle l'honorable préopinant, on a cherché, en effet, à estimer quelle était la quantité de coton retors qu'emploieraient les tullistes; sur ce point, le dire des filateurs et le dire des tullistes seraient fort différents.

En cherchant une autre voie d'appréciation, on a reconnu qu'un métier emploie 100 kilog. par an, soit 2 kilog. par semaine. Or, c'est à raison des 1,500 métiers à tulle existant en France, une moyenne annuelle de 120 à 140,000 kilog. Or, l'importation légale pourvoit la consommation aux deux tiers, puisque 80,000 kilog. ont payé les droits dans le cours de 1835. Autrefois on saisissait 6,000 kilog. de coton, et l'an dernier (1835), 500 seulement.

En résumant les faits que je viens d'exposer, je crois que la levée de la prohibition a atteint son principal but, *elle a fait arriver par la voie légale une très-forte partie des cotons filés dont s'alimentent les métiers à tulle, et cette année seulement, le trésor enlèvera à la fraude une somme qui s'élèvera, j'espère, à un million.*

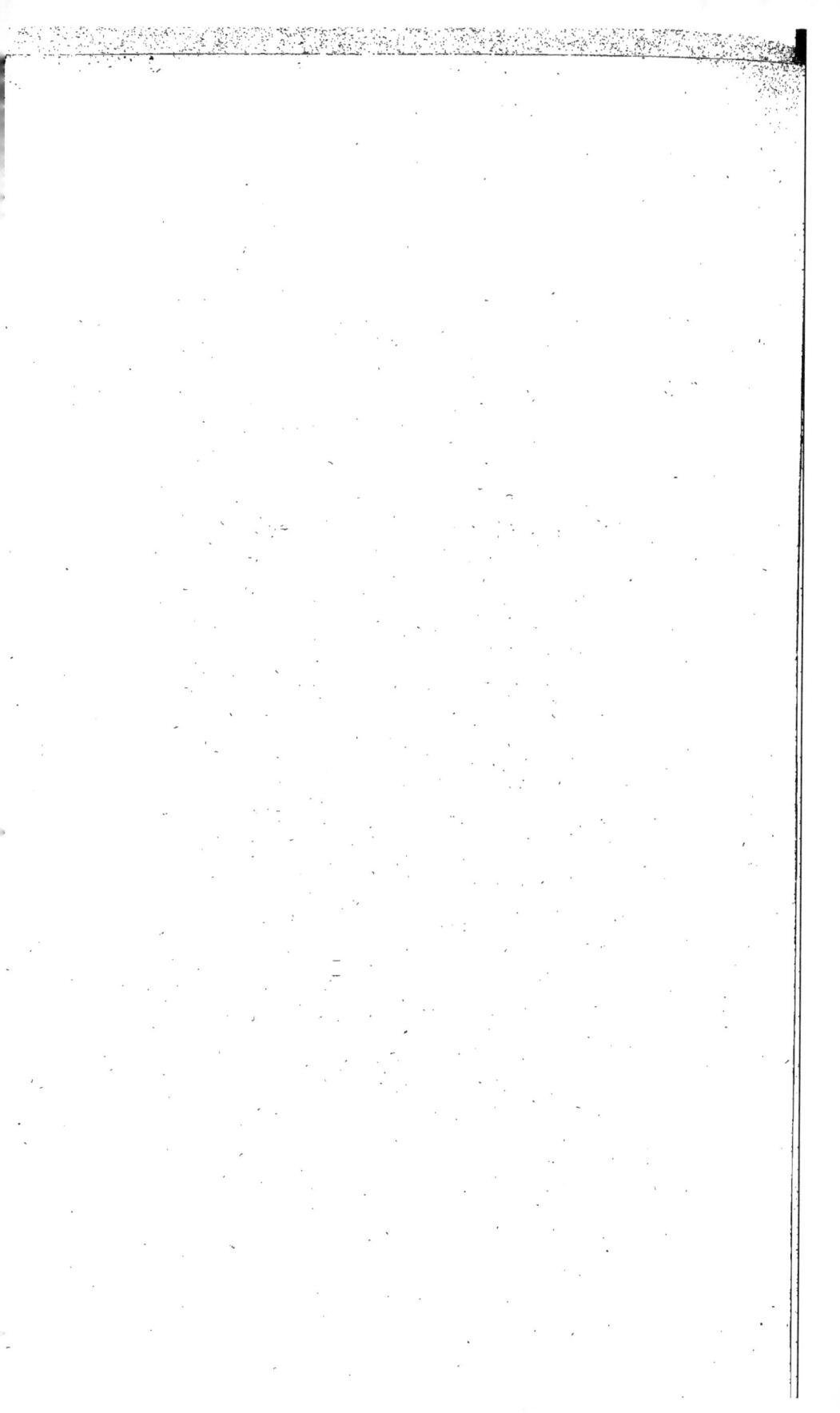

TABLE DES MATIÈRES.

ANNEXES.

FIN.

PARIS. — IMPRIMERIE DE J. CARON NOEL, PLACE DE LA BOURSE, 4.

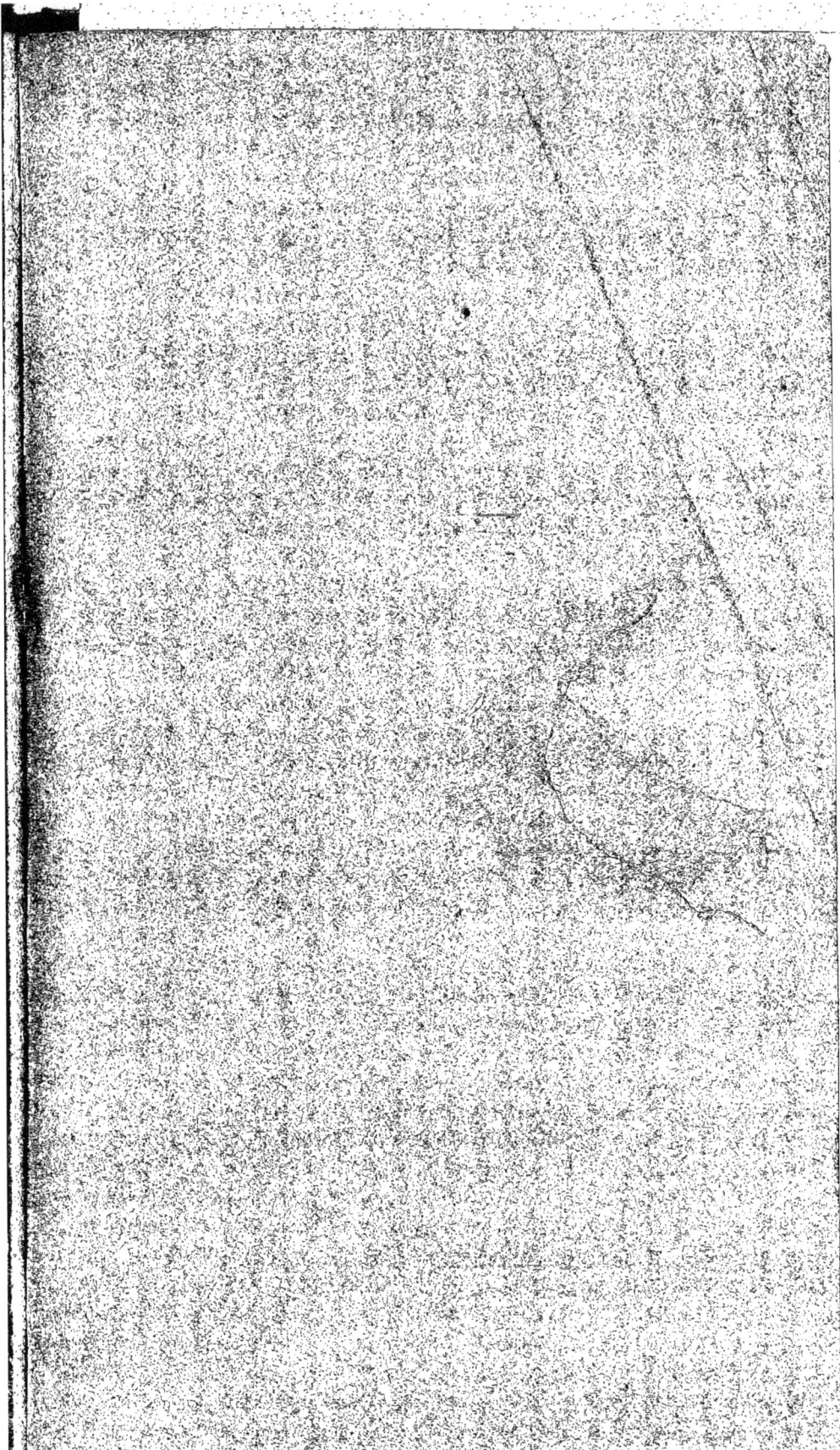

LIBRAIRIE CAPELLE

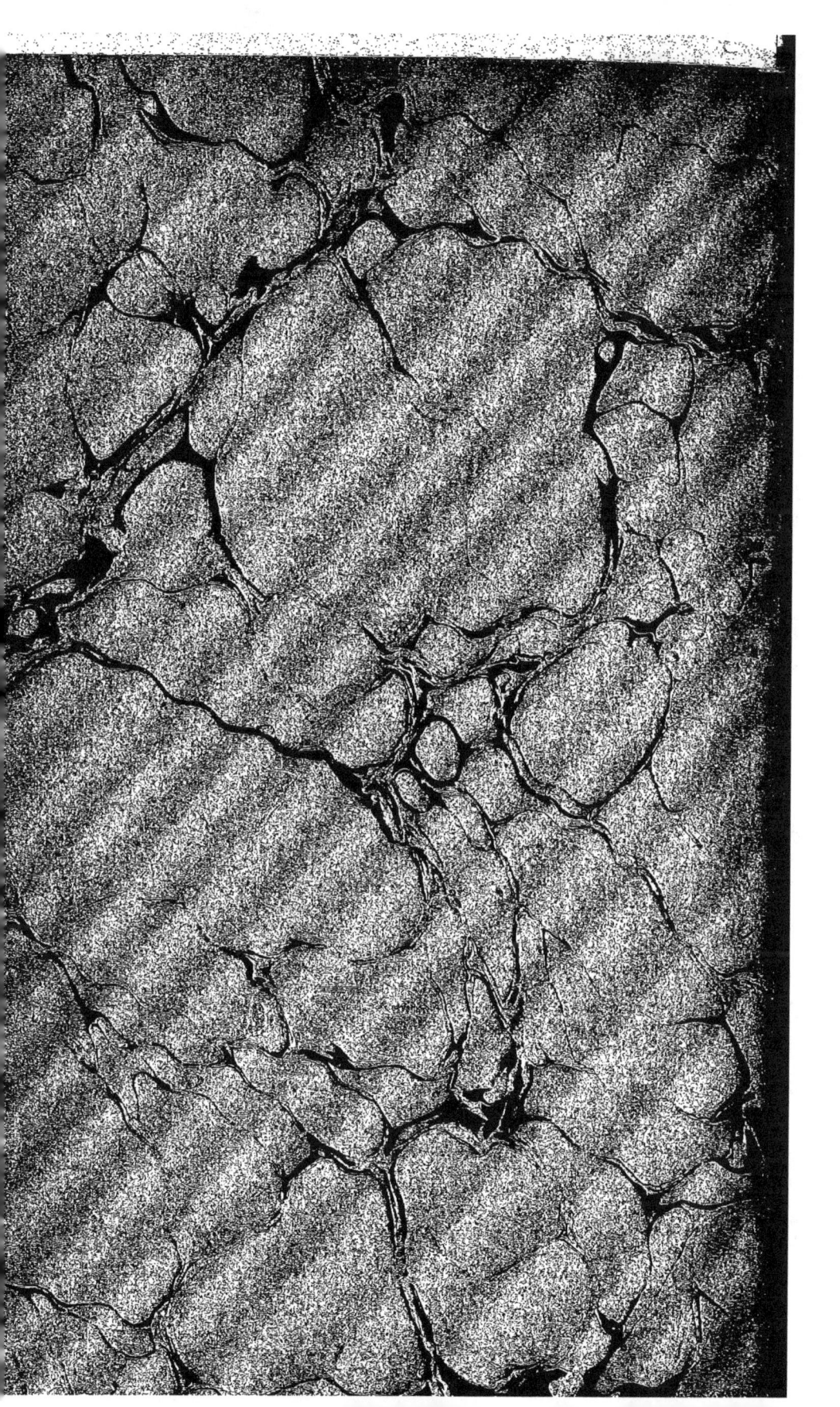

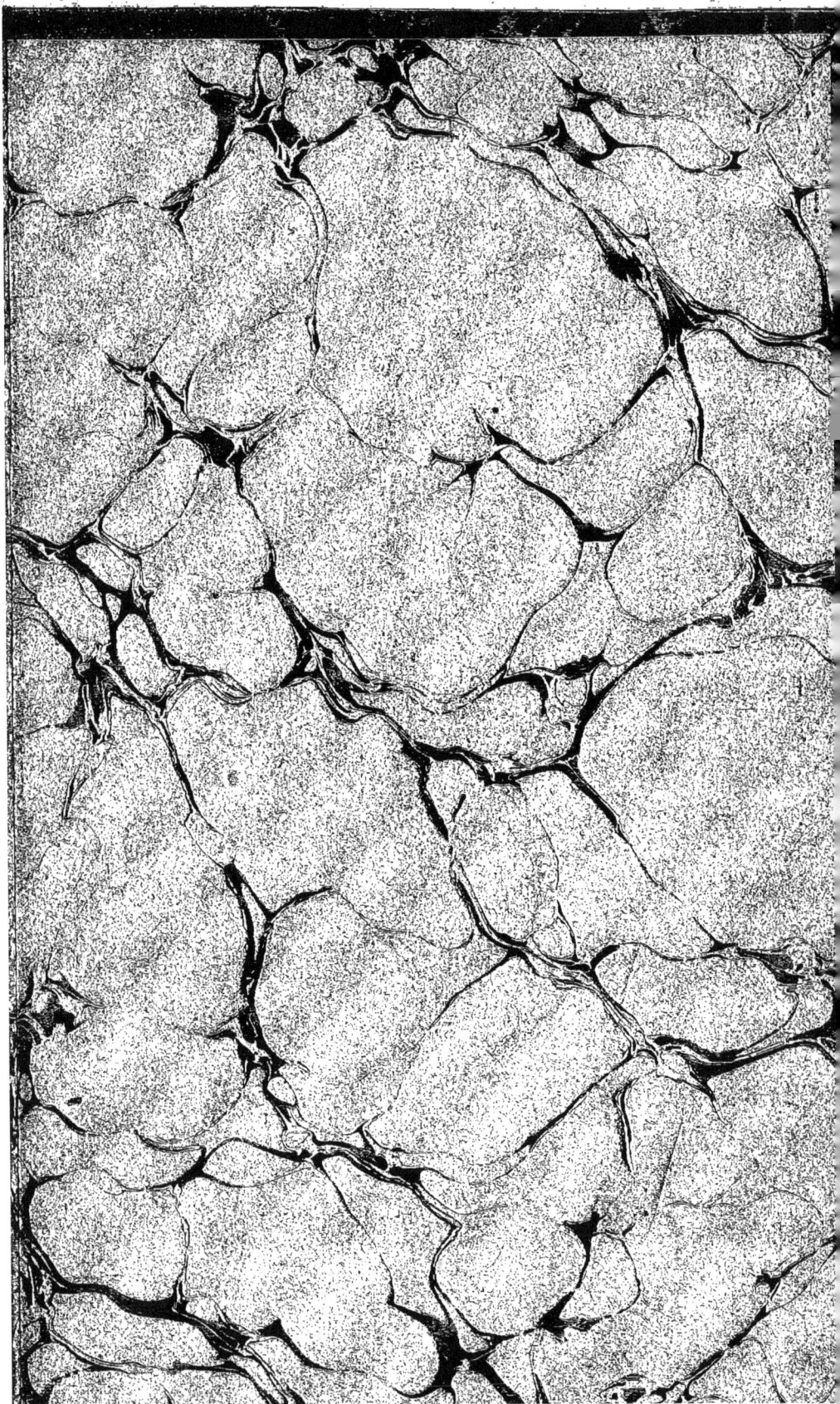

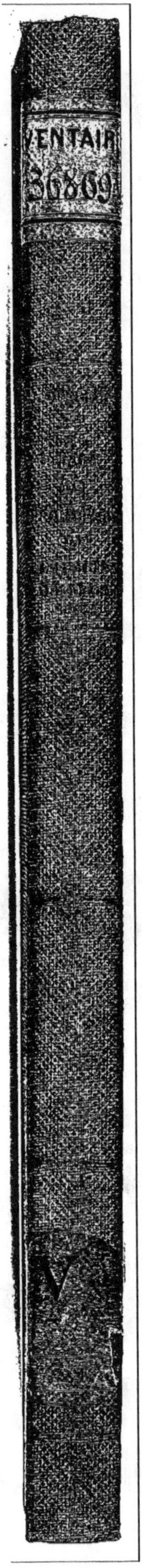
VENTAIR
36869